島田裕巳

親を捨てるしかない

介護・葬式・遺産は、要らない

GS
幻冬舎新書
417

はじめに

親は、捨てる――。

今や、そうした時代が訪れている。それほど事態は深刻だ。

それを証明する事件や事態が次々と起こっているが、これもその一例である。

それは、「利根川心中《とねがわしんじゅう》」と名づけられた事件である。

利根川心中などと呼ばれると、浄瑠璃《じょうるり》や歌舞伎《かぶき》の「曽根崎《そねざき》心中」など、男女の愛欲の果ての自殺行を思い起こす。だが、利根川心中はそんなものではない。『週刊朝日』（2015年12月11日号）誌の報道によれば、事件の顚末《てんまつ》は次のようなものだった。

2015年11月22日、群馬県在住の78歳の男性が、趣味の鴨猟《かもりょう》のために利根川に出かけたときのことだ。

川に、白髪で白い服を着た女性が横を向いて浮かんでいるのを目撃した。男性は、当然110番通報した。

遺体の身元は、その場所から7キロメートルほど離れた埼玉県深谷《ふかや》市に住んでいた81歳の女性だった。

遺体のそばでは、47歳になるその女性の三女が座り込んでいた。三女は低体温症の状態にあったが、病院に運ばれ、命には別状がなかった。

そして、女性の夫の遺体も、そこから300メートル上流で発見された。夫の方は74歳だった。

これを受けて埼玉県警は、三女を母親に対する殺人、父親に対する自殺幇助《ほうじょ》の疑いで逮捕した。三女は、その日の未明、両親を乗せた軽自動車を運転し、車ごと利根川に突っ込み、心中をはかったのだった。

三女は容疑を認め、「認知症の母の介護で疲れた。貯金も年金もなくなった。病気になり、働けなくなった父から『一緒に死のう』と言われ、一家心中しようとした」と供述した。

3人姉妹の末っ子である三女は独身で、両親と同居していた。ところが、母親の方は10年ほど前に蜘蛛《くも》膜下《まくか》出血で倒れ、それをきっかけに体調を崩し、認知症も進行していた。

三女は、5年ほど前まで菓子店につとめていたが、母親の介護のために離職し、介護に没頭していた。

父親の方は、30年前から新聞の販売店につとめていたが、「脊髄《せきずい》の中の神経の病気」にかかり、事件の10日ほど前に販売店を辞めていた。ただ、一家は生活保護を申請し、その日のうちに受理されていたというから、心中は経済的なことだけが理由ではないであろう。仕事ができなくなった父親が将来を悲観して心中をもちかけ、介護で追い詰められていた娘が、それに同調したということらしい。

この事件は、テレビや新聞で報道されたが、それほど詳しいものではなく、その後は思っていたよりも大きな話題にならなかった。

私は、翌週の週刊誌が各誌、この事件を取り上げるのではないかと思ったが、大きく扱ったのは、『週刊朝日』だけだった。それも、「下流老人の悲劇」というところにポイントがおかれ、記事の最後も、ベストセラーになった『下流老人』の著者、藤田孝典《たかのり》のコメントで締めくくられていた。

『下流老人』は、『週刊朝日』を刊行する朝日新聞出版の朝日新書の一冊である。うがった見方をすれば、この記事は、『下流老人』の広告である。

要は、この利根川心中に対して、世間はさほど強い関心を示さなかったことになる。

それは、この事件に重要性がないからではない。

むしろ、とても重要な事件なのだが、同種の事件があまりにも頻繁にくり返されていて、しかも、解決の目処が立たないから、世間は見て見ぬふりをしているのだ。

この事件を報じた埼玉新聞の記事（12月1日付）では、近所に住む70代の女性は、一家とはあいさつを交わすものの、生活苦は知らなかったと語っている。そして、「仲良しで協力していた素晴らしい家族。人のお世話にならないで何とかしようとしていたのではないか」と感想を漏らしたという。

報道では心中とは言われているものの、三女は殺人の疑いで逮捕された。事情からすれば、寛大な判決が下される可能性もあるが、彼女が両親を死に至らしめたという事実は消えない。彼女は殺人者であり、しかも、殺した相手は実の親なのである。

20世紀のはじめに制定された明治刑法では、「尊属殺《そんぞくさつ》」の規定があった。尊属とは、親等上、父母と同列以上にある血族のことである。尊属殺に対しては、通常の殺人罪ではなく、尊属殺人罪が適用され、刑罰は無期懲役か死刑と重かった。これについては、1973年に違憲とする最高裁判決が出され、1995年に撤廃されたが、三女の行ったことは、尊属殺の規定が生きていた時代には、通常の殺人以上の重罪だったのである。

尊属殺の規定が設けられたのは、親には孝を尽くすべきだという儒教の考えにもとづく道徳観念が、かつての日本社会では根強かったからである。尊属を死に至らしめることは、この孝の観念に反する重大で反道徳的な行為と見なされたのである。

しかし、この事件の場合、三女が精一杯孝を尽くしたがゆえに、親殺しに至ったとも考えられる。介護にすべてを捧げたことが、とんでもない結果を生んでしまったのだ。

この点は極めて重要である。単純化してしまえば、親孝行が親殺しに結びついたことになる。

では、どうすればよかったのか。

三女からすれば親を捨てればよかったのである。

そんなことを言えば、「何ということを言うか」と非難されるかもしれない。

親を捨てるという行為は、人の道に外れていると思われるだろう。

だが、もしこのケースで、老夫婦に介護をする子どもがいなかったとしたら、どうなるだろうか。

そういうケースはいくらでもある。夫が認知症の妻の介護をするという形である。

その場合も、行き詰まって、夫が妻を殺すなり、心中に発展する可能性もある。

しかし、高齢者の夫婦2人だけなら、周囲はより早い段階で窮状を察知し、生活保護を含め、何らかの保護が行われていたのではないだろうか。少なくとも、子どもがいなければ、その子どもがそこに巻き込まれ、殺人まで犯すことにはならなかった。

親を捨てることしか解決策はないのではないか。

殺人や心中に至らなかったとしても、介護に人生を費やし、その犠牲になっている人たちは無数に存在する。

「介護離職」ということばがあるくらいで、介護のために仕事を辞めざるを得なくなった人間は少なくない。離職してしまえば、収入が途絶えるわけで、それは、必ずや悲劇を招き寄せることになる。

介護による悲劇に陥らないためには、もう親を捨てるしかない。

今や、日本の社会はそうした状況におかれているのである。

もう親を捨てるしかない／目次

第3章　終活はなぜ無駄なのか　75

DTP 美創

第1章 孝行な子こそ親を殺す

介護殺人が17年間で672件！　利根川心中が注目されない理由

「はじめに」では、「利根川心中」と呼ばれた事件についてふれた。

悲惨な事件だが、それは社会的にさほど注目を集めなかった。

調べてみると、作家の雨宮処凛《あまみやかりん》氏が、事件の翌月2015年12月に現地を訪れ、関係者に取材した記事を発見した（「雨宮処凛がゆく！」第360回、「利根川介護心中未遂事件〜「本当は生活保護なんて受けたくなかった」。逮捕後、三女が漏らしたという言葉の意味〜の巻」http://www.magazine9.jp/article/amamiya/24674/）。

それによると、収監されている三女と面会した市役所の生活保護担当者は、彼女がぽつりと「私は本当は、生活保護なんか受けたくなかった」と語ったのを聞いたという。そのことばが、記事の副題に使われているわけだ。

生活がかなり逼迫《ひっぱく》していたにもかかわらず、三女にはプライドがあったことになる。あるいはそのプライドが、彼女を追い込んだのかもしれない。どこまでもやるせない事件である。

しかし、雨宮氏のもの以外、後追いの記事もなく、すでに事件は忘れ去られようとしている。次に、この事件が取り上げられるのは、三女に対する裁判がはじまったときか、判決が出たときだろう。

ではなぜ、こうした事件にさほど注目が集まらないのだろうか。

それは、この種の事件が多発しているからである。

利根川心中事件が起こる５カ月前の２０１５年６月21日、一般社団法人日本ケアラー連盟の主催で、「ケアラー（家族など無償の介護者）支援フォーラム」が開かれた。フォーラムのテーマは、「それは、私だったかもしれない～介護殺人、ケアラーの人権、介護者支援」というものだった。

このフォーラムで基調講演を行った湯《ゆ》原《はら》悦子《えつこ》日本福祉大准教授は、過去17年間で介護殺人が少なくとも６７２件起きていることを指摘した。

ここで言う介護殺人は、被害者が60歳以上で、親族によって殺害されたものに限られる。単純に計算すれば、介護殺人は１年間におよそ40件起きていることになる。

殺人に至った動機の大半は、「介護疲れ」や「将来への悲観」だということである。なお、福祉関係者と良好な関係を保っていたなかで起きたケースも多いという。

湯原准教授は、「加害者はその時は精いっぱい介護をしていた自負がある。なぜ追い込まれてしまったのか、福祉的な視点で事件を検証することが重要」と述べている（福祉新聞、２０１５年6月30日付）。

ここで言われる「自負」は、利根川心中事件の三女のことば、「私は本当は、生活保護なんか受けたくなかった」と重なってくる。

殺人事件は減っているのに介護殺人は大幅に増えている

１年間に介護殺人が40件というのは、10日に一度近く発生していることになるが、殺人全般の数と比べてみると、かなり多いという印象を受ける。

ちなみに、２０１３年における殺人は３４２件だった。意外と少ないと思われる方もいるだろう。

そのうち10分の１以上が介護殺人であったことになる。

殺人の件数自体は、ここのところ減少している。

戦後、殺人がもっとも多かったのは１９５５年のことで、２１１９人だった。１日６人弱である。

それが、１９８７年に１０００人をはじめて切り、それ以降も減り続けている。

今は、1日1件にも満たないわけで、おそらくこれからも減少していくであろう。そのなかで、介護殺人はかなりの件数にのぼっている。もし、介護殺人が一掃されれば、年間の殺人の件数は300を切るはずだ。

『SAPIO』2015年1月号の「家族同士の殺し合いが増加　昨年の殺人事件は親族間が53・5％」という記事によれば、2013年の殺人事件検挙件数のなかで、犯人と殺された人間が親族の関係にある割合が53・5％と全体の半数以上にのぼったという。

すでに見たように、殺人の件数自体はかなり減ってきているわけだが、親族のあいだでの殺人となると、2003年までの25年ほどは検挙件数全体の40％程度だったのが、2004年には45・5％に上昇し、2013年には53・5％にまで増加した。

もちろん、そうした親族間の殺人がすべて介護が原因であるわけではない。経済的な困窮や財産をめぐる争い、あるいは虐待といったことも関係しているが、介護殺人が少なくない以上、それも間違いなく一因である。

前掲の湯原准教授は、2016年に入って、新聞各紙の記事をもとに、改めて介護殺人の数を集計している。

それによれば、1998年から2015年までの18年間で、全国で起こった介護殺人や心中が716件にのぼったことが明らかになった。これは心中を含むわけだが、年平均ではやはり約40件である。

そのうち、夫婦間での事件が333件で、47％を占め、子が親を死亡させたケースは331件、46％にのぼった。

注目されるのは、男性が犯人の事件が512件で72％を占め、女性が犯人の事件の194件、27％を大きく上回っている点である。他に、不明や複数犯が10件（1％）にのぼる。

介護を推奨する政府の施策に従えば、介護殺人はますます増加する

厚生労働省の2013年の調査によれば、在宅で介護をしている介護者の性別は約7割が女性であるという結果が出ている。にもかかわらず、男性による介護殺人が多いのだ。

それについて湯原准教授は、「仕事中心で生きてきた男性は悩みを周囲に打ち明けることが少なく、孤立するケースが多い。介護の負担を抱え込んで、うつ状態になりやすいのではないか」と述べている（毎日新聞、2016年2月14日付朝刊）。男性が家事に慣れていないことも、いらいらを募らせる原因になっている。

ほとんどの人間は生涯において殺人など一度も犯さない。よほどのことがなければ、人

をあやめたりはしないものだ。

ましで、介護殺人に及ぶような人たちは、殺人はおろか、いっさいの犯罪と無縁な、むしろ真面目な人たちである。それは、利根川心中の三女についても言える。彼女は、生活が苦しいなかでも、生活保護を受けることさえ心苦しいという思いを抱いていた。

ところが、家族の介護を自宅で行うことで、最後は介護される人間を殺すという事態に至っている。しかも、こうした事件が頻発し、毎年のようにくり返されている。

前掲の日本ケアラー連盟では、「介護者支援法」の制定をめざしている。現在の案では、「この法律は、介護者の置かれている状況に鑑み、介護者を支援するための施策について、その基本理念及び国等の責務を明らかにし、介護者の支援のための施策の基本となる事項を定めるとともに、介護者支援推進協議会を設置することにより、介護者を支援するための施策を総合的及び計画的に推進し、もって国民の福祉の増進に資することを目的とする」とされている。国に対して、介護にあたっている国民を支援する施策を積極的に実施するよう求めているわけである。

こうした法律がいったいいつになったら制定されるのか、その見通しは立っていない。

こうした法律があれば、国は今以上に介護にあたっている人間を支援しなければならなくなる。それには多額の費用がかかる。社会福祉関係の予算が毎年増え、国の財政を圧迫している現状においては、果たして国がそうした方向に動くのか、かなり難しいようにも思われる。

介護殺人に至るようなケースをなんとかなくしたいというのは、誰もが思うところだろう。だが、自殺者や交通事故による死者を減らすことに比べれば、日本の社会は、介護殺人の防止に対してはそれほど力を入れていないようにも見える。

極端に言えば、仕方のないこととして放置されているようにさえ見えるのだ。

しかも、国は自宅介護を推奨している。それは、介護殺人をよりいっそう増加させる可能性をはらんでいる。

裁判官も刑務官も泣いた事件に下された温情判決

では、実際に介護殺人が行われたとき、法廷においては、どういった判決が下されるのだろうか。

判決が下った当時、社会的に注目を集めたのが、２００６年に起こった「京都（伏見《ふしみ》）介護殺人事件」、あるいは、「京都認知症母殺害心中未遂事件」などと呼ばれるものである。

これは、無職の54歳の男性が、京都市伏見区桂川《かつらがわ》の河川敷で86歳の認知症の母親を、本人と相談の上殺害した事件である。男性は、自らも自殺をはかったが、一命をとりとめた。被告人となった男性は、両親と3人暮らしだったが、1995年に父親が亡くなり、その頃から母親は認知症の症状を示すようになる。男性は、ひとりで母親の介護を行った。

ところが、事件が起こる前年の4月からは母親の症状が悪化し、昼夜逆転した生活を送るようになる。徘徊《はいかい》もはじまった。

男性は夏頃に介護保険を申請し、母親はデイケアのサービスを受けるようになったが、7月頃には介護のため休職せざるを得なくなる。

9月頃には、それにも限界を感じ、退職した。そして、介護を続けながら別の仕事を探したが見つからなかった。12月には、失業保険もストップする。

男性は、区役所を訪れ、「生活が持ち直せるしばらくのあいだだけでも生活保護を受給できないか」と相談をもちかけたが、まだ働けるということで、生活保護は受けられなかった。

カードローンの借り入れも限度額に達し、食事も2日に1回にきりつめていた。それでも母親には食事をさせていた。

男性の頭のなかには、生前に父親が言っていた「他人に迷惑をかけたらあかん」「返せるあてのない金は借りたらあかん」などといったことばが浮かんできたため、親戚などに頼るということもしなかった。

ついにアパートの家賃も払えなくなり、手元には現金が7000円しか残っていなかった。

男性は、2006年1月31日、アパートを掃除し、親戚と大家さんに宛てた遺書と印鑑をテーブルの上におき、母親と家を出た。最後の食事は、コンビニで買ったパンとジュースだった。母親には、「明日で終わりなんやで」と何度も話しかけていた。

二人は、京阪《けいはん》電車で三条《さんじょう》駅へむかった。母親にどこに行きたいかと聞くと、「人の多い賑やかなところがいいなあ」という答えが返ってきたからだ。

繁華街で時間をつぶし、夜には伏見に戻ってきた。やはり母親が、「家の近くがええな」と答えたからだった。

すでに翌日になっていた。男性は、「もうお金もない。もう生きられへんのやで。これで終わりやで」と言い、「すまんな」「ごめんよ」と言いながら泣きじゃくった。母親は息子の頭をなでて、「泣かなくていい」と答えたという。

男性は、ついに母親の乗った車椅子の背後にまわり、タオルで首を絞め、ナイフで切った。自らもナイフで傷つけ、近くにあった木にロープをかけて首つりをはかったが、死ねなかった。二人は翌朝、通行人によって発見された。

この事件の初公判は、同年4月19日に京都地裁で行われた。冒頭陳述では、検察官が事件に至るまでの経緯を詳しく述べ、男性がいかに精神的に追い詰められていったのかを明らかにした。

これには、被告人も涙したが、裁判官も目を赤くし、刑務官も涙をこらえるためにまばたきをしていたという。

7月21日に判決が下るが、裁判官は、「結果は重大だが、被害者（母親）は決して恨みを抱いておらず、被告人が幸せな人生を歩んでいけることを望んでいると推察される」として、男性に対して懲役2年6月、執行猶予3年の判決を言い渡した。男性は殺人を犯していながら、刑務所行きを免れたのである（山藤章一郎「『私の手は母を殺めるためにあったのか』と男は泣いた」『週刊文春』2006年6月29日号などを参照）。

男性には執行猶予がついたわけだから、「温情判決」ということになる。だが、男性が、父親の言っていたことに縛られず、親戚なり周囲の人間に助けを求めていたとすれば、最悪の事態は免れていたかもしれない。

介護に悩み、疲れ果てた膨大な人たちがいる

この事件の場合、母親を殺した男性は自分も死のうとして、それに失敗したわけだが、殺した側が死んでしまうケースもある。あるいは、介護されていた人間を殺害はしなかったものの、介護している側が無理心中をはかるような場合もある。

この事件の2年後、２００８年1月5日から7日にかけては、そうした事件が連続して起こり、世間に衝撃を与えた。

まず1月5日には、奈良県で認知症の73歳の男性の介護に疲れた56歳の妻と31歳の娘が、9歳の子どもとともに無理心中をはかり、3人とも死亡した。

続く6日には、青森県でやはり介護に疲れた58歳の看護師の女性が82歳の寝たきりの母親を殺害した。

さらに7日には、宮城県で介護に疲れた59歳の娘が病気で寝たきりの86歳の父親を絞殺し、自らもその後を追って首吊り自殺した。父親は15年間寝たきりの状態だった。

なお、青森県の事件では、看護師の女性は青森地裁で懲役9年の実刑判決を受けている。

女性は、母親から殺人の依頼があり、犯行時は心神耗弱の状態にあったと主張したが、裁判長は依頼の事実を認めず、かえってそうした主張をするのは反省がないとして重い判決を下した。女性が犯行の時点で老人介護施設の療養部長であった点も判決に影響した可能性があり、介護疲れと職場での悩みから自暴自棄になったと見なされたのだった。

その後も、こうした介護殺人は頻繁に起こっている。ここまで見てきたのは、子どもが介護していた親を殺し、自らも死のうとするケースだが、老いた夫が介護していた妻を殺したり、その逆のケースもある。いわゆる「老老介護」による介護殺人である。あるいは、障害のある子どもを介護していた親が、自らの老いや病などに直面し、子どもを殺害するようなケースもある。

毎日新聞が、首都圏1都3県と近畿2府4県で２０１０年から14年の5年間に起きた介護殺人44件について調べているが、そのうち20件で、加害者が昼間だけではなく真夜中まで介護をしなければならず、深刻な寝不足に陥っていたことが判明した。

認知症を発症した患者や、痛みを伴う病気にかかった患者は睡眠障害を起こしたり、妄想状態に陥り、眠らずに介助を求めたり、大声を出したりすることが少なくないからだ。

これを伝える記事では、裁判所が介護疲れを殺人の主な原因としたケースの場合にも、不眠が原因になっている場合がもっと多いはずだと推定している（2015年12月7日付朝刊）。

このように、介護殺人はくり返されているものの、その数があまりに多いため、よほど注目される要素がなければ、世間の関心を集めることはなく、詳しい報道もなされない。

さらに、その陰には、介護殺人には至らないにしても、介護に疲れ、それに悩んでいる人たちが膨大な数存在している。そうした人たちは、少しでも状況が変われば、介護殺人に追い込まれる可能性がある。

手間、時間、金だけではない介護する側に重くのしかかる精神的負担

2000年4月1日から施行された介護保険制度のもとで、「要介護者」と「要支援者」と認定された者は、「要介護者等」と呼ばれるが、その数は年々増えている。65歳以上の高齢者に限ると、2001年度に、その数は約287万7000人だった。それが、12年度には約545万7000人に増加している。11年間に2倍近くに増加したことになる。

要支援の場合には、要支援1と要支援2に分かれるが、これに認定される人間はまだひ

とり暮らしが可能だとされる。

それが、要介護ということになると、状況は変わってくる。

要介護1ではまだひとり暮らしが可能だとはされるものの、要介護2以上になると、それが難しくなる。

要介護4になれば、日常生活全般にわたる援助が必要で、家族だけでは介護ができない。専門家に介護を委託しなければならなくなるわけだ。

そして、要介護5になると、いわゆる「寝たきり」になり、食事については「経管栄養（鼻や腹からチューブを使って流動食を注入すること）」を必要とするようになる。

同居している介護者がいる場合、その介護者に聞いたところ、要介護1では、「必要なとき手をかす程度」が全体の58・0％を占めている。ところが、要介護3になると、33・8％がほとんど終日介護に追われると答えている。

要介護4になれば、それが48・4％となり、要介護5では51・6％に達する。介護時間が半日程度の場合も、それぞれ15・8％と20・5％である（厚生労働省「国民生活基礎調査」２０１０年）。

ちなみに、厚生労働省による「介護保険事業状況報告（暫定）」の２０１５年４月分では、要支援と要介護の認定者約607万7000人のうち、要介護2以上は約318万9000人にものぼっている。

要介護の段階が進んでいけば、介護者は、生活のほとんどを介護に費やさなければならなくなるわけだ。

介護を行っているのは、同居している人間が61・6％を占める。配偶者が26・2％、子どもが21・8％、そして、子どもの配偶者が11・2％である。ちなみに事業者は14・8％である（厚生労働省「国民生活基礎調査」2013年）。

介護に時間をとられれば、当然にも仕事を続けられなくなる。2011年10月から12年9月までの1年間に、介護、あるいは看護を理由に退職した人の数は10万人を超えていて、そのうち8割を女性が占めている（総務省「就業構造基本調査」2012年）。

介護の負担ということは、手間や時間だけに限られない。大きいのは精神的な部分である。

介護が必要になった原因を見てみると、男女を含めた総数では脳血管疾患（脳卒中）がもっとも多く、全体の21・5％を占める。とくに男性では32・9％と、ほぼ3分の1に及んでいる。

次に多いのが認知症で、15・3%である。女性ではこれが一番多くて、17・5%を占める。

さらに、高齢による衰弱が13・7%、関節疾患が10・9%、骨折・転倒が10・2%と続いていく。そのなかで、心疾患（心臓病）は3・9%とかなり低い（厚生労働省「国民生活基礎調査」2010年）。

日本人の死亡原因としては、ここのところもっとも多いのは悪性新生物、つまりはガンである。それに心疾患、脳血管疾患が続くが、介護という局面になると、脳血管疾患以外はあまりその原因にはなっていない。

こうした介護を必要とするようになる病気や事故による障害は、リハビリによって回復することも可能なはずである。ただ、高齢者になればなるほど、それは難しくなっていく。

そうなると、介護する側の負担は重くなり、それがこれからも長く続くと考えると、暗《あん》澹《たん》たる気持ちにもなってくる。

在宅介護・医療を推進する国の目的は、かかる費用の削減

介護される高齢者の側も、それまで当たり前にできたことができなくなると、それ自体

に苛立ち、リハビリも進まなければ、焦りの気持ちも生まれる。そうなると、怒りやすくなり、怒りは介護をしてくれる人間に対して爆発する。

果ては、「死んだ方がましだ」とも言い出すが、簡単には死には至らない。そうなると、家族にとっては、高齢者がわがままで言うことを聞かないうっとうしい存在になってくる。当然、介護する側と介護される側で、いさかいが起こり、それが積み重なって、家庭内には険悪な空気が流れるようになる。

それでも、介護する側が、元気であるあいだはいい。だが、不眠状態に陥れば、鬱にもなり、果ては介護殺人や無理心中に至る。介護保険の制度だけでは、とてもそれを救うことができないのだ。

国の方針は、2013年に大きく転換した。在宅介護を中心にしようというのである。それは介護にとどまらず、医療にも及んでおり、在宅医療・介護を推進するというのが、現在の国の方針である。

そこには、膨大な額に達している医療や介護にかかる費用を削減したいという目的があるわけだが、国はその面は強調しない。

こうした方針転換について説明した厚生労働省の在宅医療・介護推進プロジェクトチー

ムによる「在宅医療・介護の推進について」という提言においては、「国民の60％が自宅での療養を望んでいる」という点が強調されている。

その数字の根拠になっているのが、毎年行われているやはり厚生労働省の「終末期医療に関する調査」である。

それによれば、1998年において、「自宅で療養して、必要になればそれまでの医療機関に入院したい」が20・4％、「自宅で療養して、必要になれば緩和ケア病棟に入院したい」が28・3％、「自宅で最後まで療養したい」が9・0％だった。これらを合わせれば、57・7％になる。

それが、2003年では、それぞれ21・6％、26・7％、10・5％で、合計は58・8％となった。

そして、2008年には、それぞれ23・0％、29・4％、10・9％で、合計は63・3％である。たしかに、自宅での療養を望んでいる人間が増え、その割合は60％を超えている。

国が国民の要望をもとに施策を立てていくことは好ましいことである。この提言は、あたかも国は、国民の要望にもとづいて在宅介護を推進しているかのように思えるものになっている。

介護殺人の温情判決は、あたかも「いたしかたない」と言っているかのよう

しかし、この提言では、一方で65歳以上の高齢者がこれからも増えていくことも強調している。

さらに、世帯主が65歳以上の単独世帯や夫婦のみの世帯が増えていくことも指摘している。

単独世帯で要介護になれば、自宅での療養は難しい。夫婦のみの世帯では、老老介護という現実が待っている。

そうした困難な状況が予想されるなかで、国が提言している介護の将来像は、「住まい・医療・介護・予防・生活支援が一体的に提供される地域包括ケアシステムの実現」である。

こうしたシステムが構築されれば、「重度な要介護状態となっても、住み慣れた地域で自分らしい暮らしを人生の最後まで続けることができるように」なるというのである。

ただその際にも、「人口が横ばいで75歳以上人口が急増する大都市部」と「75歳以上人口の増加は緩やかだが人口は減少する町村部」など、地域差があるため、地域包括ケアシステムは、「保険者である市町村や、都道府県が、地域の自主性や主体性に基づき、地域の特性に応じて作り上げていくことが必要」だとされている。

これも、地域の特性に配慮した柔軟な施策の提言であることを強調しようとするものだが、「自主性や主体性」という文言からすると、国は金も手間もかけられないから、各地域でなんとかしてくれと、地方に負担を押しつけている。

この提言では、もう一つ、内閣府による2007年度の「高齢者の健康に関する意識調査」において、要介護状態になっても、「自宅で介護してほしい」が41・7％、「子どもの家で介護してほしい」が2・3％、「親族の家で介護してほしい」が0・5％で、それらを合計すると44・5％になることから、「自宅や子供・親族の家での介護を希望する人が4割を超えた」点も強調している。

こうした提言が現実のものとなり、在宅介護が中心になれば、家族や親族の負担はより大きくなる。そうなれば、介護疲れに襲われる人間が増える。働けなくなって、仕事を辞めざるを得ない人間も増える。それは、生活の基盤を突き崩し、ひいては介護殺人を増加させることになる。

まさか国が介護殺人を奨励しているわけではないだろう。そうならないための提言であるはずで、地域包括ケアシステムが確立されれば、介護殺人は防げるということなのかもしれない。

しかし、介護殺人に対しては、京都伏見の事件の場合のように、多くは温情判決が出て、執行猶予がついている。実刑判決が出た青森の事件の場合には、介護疲れによって殺人に追い込まれたとは見なされなかったことになる。

介護殺人に至っても、温情判決で救われる。ならば、それでいいではないか。国の政策は、暗にそうした方向を示唆している。

それは、うがった見方かもしれない。だが、在宅介護中心という国の方針は、国民の要望をもとにしている点を強調しすぎている点で、かなり怪しい。

介護殺人はやむを得ない。

どうしても、そのような方針であるように見えてくるのだ。

介護は実に大変なことである。

赤ん坊を育てる育児も大変で、親はそれにかかりきりになるが、赤ん坊の場合には、成長するにしたがって、世話は楽になる。何より、子どもの成長に喜びを感じることができる。

ところが、介護となれば、年を重ねるにつれて、世話はしだいに増えていく。認知症が重くなれば、介護する人間の生活は完全に振り回される。徘徊などということも起こる。

しかも、介護される側が回復し、もとに戻ることは期待できない。

介護にすべてを費やせば、仕事などしていられないし、まともな生活は送れない。仕事がなくなれば、生活は困窮し、多くの人間たちがするように、死を選ぶしかなくなっていく。

高齢者の増加と、国の在宅介護の方針は、そうしたケースを、今後さらに増やしていくことにつながる。国がその方針で臨まないにしても、現実は確実にそちらの方向にむかっている。そこには、絶望的な状況があるだけである。

まず「世帯の分離」からはじめる親捨て

では、介護殺人に至らないためにはどうしたらいいのだろうか。

究極的には、「はじめに」でも述べたように、親を捨てることである。

そんなことを言い出せば、「人非人」であるという非難を覚悟しなければならない。

たしかに、介護が必要になった親を捨てるなどという行為は、相当に残虐なことであるように思える。

介護殺人に至った人々の場合も、介護を必要とする親が邪魔になったから殺したわけではない。

殺したくはないが、状況があまりに過酷で、生活が成り立たなくなり、精神的に追い込まれていったからこそ、やむを得ず親を殺し、その罪を背負うために自分も死のうとしたのである。

しかし、親を捨てていれば、介護殺人に至ることはない。親も人生の最後に殺されることはないし、それまで前科のいっさいない子どもが殺人者になることもないのだ。

たとえ、温情判決が出て、刑務所行きは免れたとしても、自分の親を手にかけたという事実は消えない。人生の最後まで、それを背負っていかなければならない。

ならば、親を捨てた方がいい。親もまた、捨てられることを覚悟すべきではないだろうか。

現実には、親捨てに近いことは行われている。

それが「世帯分離」という方法である。

世帯分離とは、親と子どもが同居していても、それぞれの世帯に分けることである。

これは主に、介護費用や保険料を節約するために行われている、一種の「裏ワザ」である。

世帯分離と聞くと、同居していた親と子どもが別居することになると思われるかもしれない。

ところが、一緒に住むということと、法的に世帯を同じくするということとは違う。それは、赤の他人が同居して住むシェアハウスのことを考えてみればいい。同居人ではあっても、同じ世帯になるわけではない。

したがって、世帯分離は、住民票上のことで、親の世帯と子どもの世帯とを分けるのだ。そうなると、介護サービスなどを受けている場合に、負担する額が大幅に減ってきたりする。子どもの収入が加算されなくなるからだ。

ただ、これはあくまで裏ワザであり、また、住民票上は世帯を分離しても、親子の同居は続くわけで、実際に親を捨てるというわけではない。

子どもは自分の仕事や生活を犠牲にしてまで親の介護を優先させるべきか

しかし、この世帯分離が、書類上のものではなく、現実のものとなる場合がある。

それは、2015年8月30日に放送されたNHKスペシャル「老人漂流社会――親子共倒れを防げ」でも紹介された。

これは、札幌市の団地で生活する80歳の男性のケースである。

その男性は、年金を月あたり9万5000円支給されていたが、それだけでは生活ができず、生活保護で家賃や医療費を賄っていた。

ところが、そこに失業した45歳の息子が戻ってきた。単身者世帯から2人世帯になったわけだ。

それによって、老人の生活保護は打ち切られ、月々の負担は3万円増えた。そうなると、年金は次の支給日までには底をついてしまうことになる。

そこで、この男性を見守っていた「地域包括支援センター」では、親子が同居している状態では父親が生活保護を受けられないので、親子の世帯を実際に分けることにした。

親は高齢者施設に移り、それで生活保護を支給してもらうようにし、息子の方は、就労支援を受けられるようにして、それで自立を促そうというわけである。

これは、書類上のことではなく、本当の意味での世帯分離である。生活保護を受けるということになれば、同居の有無が問われるからである。

この番組では、2014年1月に、岩手県で91歳の母親を介護していた64歳の息子が、母親の年金だけで生活をしていたため、最後、二人とも凍死してしまった事件が引き合いに出されていた。

これも、もし息子が窮状を誰かに訴えていれば、世帯分離で救われたのではないかというのである。

こうした世帯分離は、第三者の介入によってなされたもので、子どもが直接に親を捨てるわけではない。

しかし、子どもの側が親の介護を放棄する形になるわけだから、親捨てに限りなく近い。親を捨てなければ、親も助からないし、子どもも助からない。果ては介護殺人に至るかもしれないのだ。

介護殺人には至らないにしても、果たして子どもは親を自らの力で介護しなければならないものなのだろうか。仕事や生活を犠牲にしてまで、介護を優先させるべきなのだろうか。その点も疑問になってくる。

これからも、高齢化は進み、要介護認定される高齢者も増えていくわけだから、事態は相当に深刻である。

しかも、社会全体の経済状況は悪化し、政府や日銀が主張しているのとは異なり、これから経済が発展していくことなどとても見込めない。

貧困化し、下流に落ち込んでいく老人のことが今でも取り上げられ、問題視されているが、それもまだ事態としてははじまったばかりである。豊かで楽しい老後を享受できる人たちは、もう限られている。

そうした状況のなかで、今私たちは、親を捨てることを真剣に考えなければならない時代に立ち至っている。そうしなければ、過酷な現実を生き残ることができなくなっているのである。

第2章 日本人は長生きしすぎる

家族が十分な介護をしていないと、徘徊老人の鉄道事故の責任を問われる

2016年3月1日、認知症の男性が徘徊した結果、列車にはねられ死亡した事件で、JR東海が家族に損害賠償を求めた訴訟について、最高裁の第3小法廷は、妻と長男の賠償責任を認めず、JR東海の請求を棄却する判決を下した。

これは大きく報道された。その結果、判決自体にとどまらず、こうした事件全般についても、改めて注目が集まることとなった。

事故に遭った男性は当時91歳で、要介護4の認定を受けていた。訴えられた妻は事件当時85歳で、本人も要介護1の認定を受けていた。長男の方は20年以上両親とは別居していた。

そうした状況から考えれば、賠償責任など負う必要はないように思えるが、一審の名古屋地裁では妻と長男にJR東海側の請求通り約720万円の賠償を認めた。二審の名古屋高裁でも、妻だけに約360万円の賠償を認めていた。徘徊を許した家族の側に責任があるというわけだ。

最高裁の判決が出たことで、これから同種の事件が起こっても、家族には賠償が請求さ

れなくなったようにも見える。

だが、判決では、「同居する配偶者だからといって、直ちに（監督責任者に）当たるわけではない」としながらも、「認知症の人との関係性や、介護の実態などを総合的に考慮して判断すべき」だという基準も示されていた。

最高裁の判決は重い。とくに、この裁判のように、基準が示されると、それがこれからの地裁や高裁の判決に強い影響を与えることになる。

今回の基準によるならば、家族の側が十分な介護を行っていなければ、賠償責任を問われることがあるわけだ。となれば、徘徊をくり返している認知症の人間を介護している家族としては、なんとか対策を立てなければならなくなる。被介護者のからだを拘束し、徘徊できないようにするしかないかもしれない。

介護施設が、そうしたやり方をとっていて問題にされ、批判を浴びることは珍しくない。拘束するなどというのは、随分とひどいやり方に思えるが、徘徊して事故を起こせば、施設の側が責任を問われるわけで、多額の賠償金が課される可能性がある。だからこそ、そうした虐待に近い方法がとられるわけである。

警察庁によれば、２０１４年における認知症の行方不明者は１万７８３人にものぼった

ていた。

国土交通省によれば、認知症の疑いのある人間が線路内に立ち入って列車と接触するなどの人身事故は、２０１４年度までの10年間で、少なくとも１３４件起こっているという（時事通信、２０１６年3月1日配信）。

鉄道会社のなかには、会社側に原因がないと判断される場合には、個別の事情にかかわらず原則賠償を請求するとしているところもあり、多くは、状況に応じて判断するとしている。最高裁判決は、こうした鉄道会社の判断にも今後影響を与えることになるだろう。

考えてみれば、街中を鉄道が走っているということ自体が恐ろしいことである。走っている列車と接触すれば、人間はひとたまりもない。車だって破壊される。

しかも、踏み切りなど、遮断機が下りているだけで、容易に立ち入ることができるところは少なくない。ホームドアが設置されていない駅でも、高速で列車が通過していく。しかも、今の駅には階段やエスカレーターがあって、ホームがひどく狭くなっている。

これは、凶器が往来しているようなもので、鉄道会社は恐ろしい商売をしているわけだが、その点が問題視されることはない。徘徊する人間が立ち入れないようにするのは、むしろ鉄道会社の責任ではないかとも思えるが、今のところ、社会全体にその発想は乏しい。

となれば、介護する側が自分たちで自分たちの身を守らなければならない。だがそれは、容易なことではない。鉄道が走っていなかった明治時代以前なら、そんな心配はいっさい無用だった。馬や牛車といった、当時としては高速の乗物はあったかもしれないが、鉄道ほど恐ろしくはない。

自動車だって、かなり減ったとはいえ、年間で4000人もの人間がその事故で亡くなっている（もっとも多かった年には、1万6000人を超えていた）。

現在、交通事故で亡くなる人間の多くを占めているのが65歳以上の高齢者である。人口10万人あたりの死者数は、高齢者が他の世代に比べておよそ3・5倍にもなっている。

こうした点でも、家族が介護するということは、ひどく大変なことになっている。大変どころではない、不可能なことになっているとも言っていいのだ。

年々延び続ける日本人の平均寿命

高齢者を家に抱えることは、その家にとって大きなリスクである。介護の負担が生じる可能性があるし、介護される側が認知症にでもなれば、肉体的な負担も増え、さらには精神的なストレスが高じる。しかも、徘徊によって事故を起こす危険性があり、そうなれば、多額の賠償金を請求されることもあるわけだ。

高齢者を家に抱えることは、今にはじまったことではない。昔から、そうしたことはいくらでも行われてきた。

ところが、最近になってそれ自体がリスクになってきた。それは、新しい事態である。なぜ、高齢者を家に抱えることがリスクになったのか。一つには、日本人があまりにも長生きするようになったからである。

２０１４年における日本人の平均寿命は、男性が80・５０歳で、女性が86・８３歳である。男性が80歳を超えたのは前年の２０１３年からのことである。つまり、男女とも80歳代まで生きるのが当たり前になってきた。

年末になると私のところにも喪中葉書が送られてくるが、毎年それを見ていると、亡くなった人間の年齢がほとんど80歳を超えていて、むしろ90歳代が多いことに気づかされるようになってきた。

もちろん、なかには40歳代で亡くなったという方もあるが、今まで受けとった最高齢は１０１歳だった。

100歳以上の高齢者は、2015年9月の時点で6万1568人である。この数は45年連続で増えているわけだから、そんな例があっても少しも不思議ではない。

戦国時代に天下統一をめざした織田信長は、「人間五十年、化天のうちをくらぶれば夢幻の如くなり。ひとたび生を受け滅せぬもののあるべきか」という幸若舞の敦盛の一節を好んでうたっていたとされるが、それからおよそ400年がたって、「人間100年」の時代が訪れたことになる。

平均寿命は、ここのところ延びが続いており、戦後はおおむねその傾向にある。私たちはすっかりそれに慣れてしまっているが、昔は決してそうではなかった。

戦後間もない1947年の時点の平均寿命は、男性が50・06歳、女性が53・96歳だった。この時点では、まだ人間50年だったことになる。信長の時代と変わらないのだ。

それが、高度経済成長がすでにはじまっていた1960年には、男性が65・32歳、女性は70・19歳に延びた。1947年と比べれば、わずか13年で急激に延びたことになる。

その後も、1995年や2011年には、阪神・淡路大震災や東日本大震災といった大災害が起こり、多数の死者が出たことで、その年には平均寿命は一時的に短くなったものの、全体の傾向としてはまだまだ延び続けている。

明治時代の平均寿命は男42・8、女44・3歳だった

これが戦前になると、もっと短い。

明治時代にあたる1891（明治24）年から98（同31）年までの平均寿命は、男性で42・80歳、女性でも44・30歳だった。男性なら、42歳の厄年が平均の死亡年齢にあたっていたことになる。

しかも、大正時代後半の1921（大正10）年から25（同14）年になると、男性は42・06歳で、女性は43・20歳と、明治時代よりも短くなっている。

1918（同7）年にはスペイン風邪《かぜ》が世界的に流行したし、23（同12）年には関東大震災が起こっている。スペイン風邪では、国内で48万人も亡くなったとされる。関東大震災でも10万5000人以上が亡くなったり、行方不明になった。

こうした流行病や災害の影響もあるが、それはあくまで一時的なことで、この時代に平均寿命が短かったのは、何より乳幼児の死亡率が相当に高かったからである。

スペイン風邪の流行した1918年には、1歳に満たない乳児が約33万8000人亡くなり、その死亡率は18・9％だった。その後、乳幼児の死亡者数も死亡率も、第二次世界大戦の時期を除いて、今日まで減り続けているが、18年以前はほぼ15％を超えていた。

戦後になると8％弱で、それでもかなり高かったわけだが、2014年では0・21％にまで落ちている。

これが、平均寿命を大きく延ばす決定的な要因であり、平均寿命が40歳代にとどまっていた時代にも、長生きする人は少なくなかった。

これが、70歳代で亡くなると、「まだお若かったのに」と惜しまれるようになったのは、ごく最近のことである。

人間は古代から長生きすることを求めてきた。「不老不死」や「不老長寿」の実現は人類の悲願だった。

世界各国には不老不死を求める物語が残されている。たとえば、日本の『竹取物語《たけとりものがたり》』の最後の部分にも、月の世界に戻ったかぐや姫が、彼女を慕う帝に不死の薬をおいていく話が出てくる。

今のところ不死の方は実現していないし、その見込みも立っていない。

けれども、不老長寿は相当程度実現している。長寿であるということは、それだけ健康を維持しているということにも通じており、老いていない証でもある。

しかし、人類にとっては夢であった長寿が実現されて、それで私たちが幸福になれたかと言えば、必ずしもそうではない。

壁にぶち当たる安楽死、尊厳死の実現

ある日の新聞の投書欄には、「長生きはめでたいことなのか」という投書が載っていた。投書しているのは、神奈川県の83歳の男性である。この投書は、日本人の平均寿命は男女ともに過去最高を記録したが、それがめでたいことなのかを問いかけたものだった。

その男性は、今の日本の高齢化対策は、もっぱら長生きさせることにおかれてきたと言う。

けれども、社会の活力の維持には適切な形での新陳代謝が必要であり、高齢者にしても、いかなる状態になっても長生きしたいとは考えていないというのだ。

この男性は、まだ元気なのだろう。自分が寝たきりになり、排泄もままならない状態になったら、介護を拒否し、安楽になりたいという希望を述べていた。

その上で、自分では安楽にはなれないので、社会に適切な処置を願いたいというのだ（朝日新聞、２０１５年8月30日付朝刊）。

これは、安楽死を可能にする仕組みが日本社会にも作られることを望む、安楽死願望の

表明である。

ただ、これは男性自身が選んだことなのか、それとも新聞社の側が配慮したことなのか、そこらあたりがはっきりはしないのだが（おそらくは後者だろう）、投書のなかでは、「安楽死」という表現は使われていない。それに該当するであろう箇所は、「安楽になること」と記されている。

安楽死ということばは、昔から使われてきたが、社会的には役に立たなくなった人間を人工的な手段を用いて死に追いやるというイメージがつきまとうことから、このことばを使うことに慎重な人たちも少なくない。

ペットや実験用に使われる動物を安楽死させることは、「殺処分」と呼ばれている。要は、人間の安楽死も殺処分と混同されることがあるので、極力安楽死ということばを使わないというのが、今の風潮なのである。

だからこそ、安楽死の代わりに、「尊厳死《そんげんし》」という表現が使われることが多い。尊厳死の方が、安楽死よりも意味するところが曖昧であるようにも思えるが、1976年に設立された「日本安楽死協会」も、83年には「日本尊厳死協会」と改称されている。

この日本尊厳死協会では、会員に対して、「尊厳死の宣言書」というものを配布しているので、参考のために、それをここで紹介しておこう。

それは、「リビング・ウイル（Living Will）」とも呼ばれているが、生前から尊厳死を希望することを本人が宣言しておくものである。それは、次のような内容になっている。

①私の傷病《しょうびょう》が、現代の医学では不治の状態であり、既に死が迫っていると診断された場合には、ただ単に死期を引き延ばすためだけの延命措置はお断りいたします。

②ただしこの場合、私の苦痛を和らげるためには、麻薬などの適切な使用により十分な緩和医療を行ってください。

③私が回復不能な遷延性意識障害（持続的植物状態）に陥った時は生命維持措置を取りやめてください。

以上、私の宣言による要望を忠実に果たしてくださった方々に深く感謝申し上げるとともに、その方々が私の要望に従ってくださった行為一切の責任は私自身にあることを付記いたします。

年　　月　　日　　　　　　自署

新聞に投書した83歳の男性が、日本尊厳死協会のことを知っているのかどうかは分からない。この宣言書に署名しておけば、男性の希望はかなえられるのかもしれない。

だが、投書を読む限り、男性は、こうした意思表示をしなくても、社会の側が自然に延命治療を中止し、安らかに死なせてくれることを望んでいるようにも思える。

実は、日本尊厳死協会では、尊厳死の法制化をめざしている。ただそれは、現在でも実現していない。

この協会は、現在12万人近い会員を抱えている。膨大な数である。しかも、超党派の「尊厳死法制化を考える議員連盟」も組織されている。

にもかかわらず、障害者の団体からの反対もあり、法制化にまでは至っていない。今度こそ法案が上程されるという話は、国会が開かれるたびに流されるが、上程さえされたことはない。

したがって、尊厳死の実現は、個々の医師に委ねられているのが現状である。現代の医学が、たとえ高齢者であっても、なんとか長生きさせることに全力を傾けてきただけに、尊厳死や安楽死の実現は、つねに壁にぶち当たってきたのである。

「なかなか死ねない」長寿国日本の実情を世界各国の平均寿命から眺めると

私たちが、こうした問題に直面し、悩まなければならないのも、投書した男性が言っているように、平均寿命が絶えず更新されていくような長寿社会、さらに言えば、「超長寿社会」になったからである。しかも日本は、この面では世界有数の国なのである。

２０１５年５月13日に発表された世界保健機関（ＷＨＯ）による「世界保健統計２０１５（World Health Statistics 2015）」によれば、２０１３年時点においてもっとも長寿な国は、男女の平均が84歳の日本である。

以下、男女の平均だけを問題にするが、２位はスペインとフランスに挟まれたピレネー山中の小国アンドラの83歳である。この２位には、オーストラリア、イタリア、サンマリノ、シンガポール、スペイン、スイスが並んでいる。

以下、主なところを見ていくと、お隣の韓国が82歳で同率９位である。経済危機を迎えたギリシアが81歳で同率20位で、実質それを救った今やヨーロッパの盟主的な立場にあるドイツも同じである。これを皮肉なことと見る人もいるかもしれない。

イギリスも同じ81歳である。これがアメリカになると、79歳（同率の34位）と、日本に比べればかなり低い。日本人の人生とアメリカ人の人生は５年も違うのだ。

中国はさらに低くて75歳（同率の68位）であり、ロシアになると70歳の北朝鮮よりも低く、69歳（なんと同率の124位）である。

最下位は、西アフリカのシエラレオネで、46歳、世界全体の194位である。下位にはずらりとアフリカ諸国が並んでいる。南アフリカでさえ、60歳で同率の167位である。アフリカ諸国においては、まだ乳幼児の死亡率が高い。

シエラレオネの46歳の平均寿命と言えば、日本では明治、大正時代に相当する。今や、これから経済発展をとげていく最後の大陸がアフリカとされており、予測の通りになれば、経済の発展とともに平均寿命も延びていくだろう。だが、日本のレベルに到達するには、考えられないほどの時間が必要かもしれない。

たしかに、平均寿命という面で考えれば、日本人はシエラレオネの人々に比べて、はるかに幸福だ。生まれたばかりの赤ん坊を失うという悲劇を経験することは少ないし、相当に長いあいだ健康な生活を維持することができる。平均寿命が長くなったということは、そういうことである。

しかし、投書した男性が言うように、現在の日本人は超長寿社会になったことを持て余しているようにも見える。

それは、長生きを実現している本人にとってだけではなく、それを支えなければならない、あるいは介護しなければならない家族にとっても言えることである。認知症で徘徊するようにでもなれば、家族はそれを放っておくわけにもいかない。だが、警察庁の発表にあったように、捜しても見つからない場合さえあるのだ。

1950年には4・9％だった後期高齢者が2060年には39・9％に

超長寿社会は、言ってみれば、「なかなか死んでくれない社会」でもある。

世界保健機関（WHO）は、65歳以上を高齢者と定義しており、日本でも、その認識が共有されている。

最近の日本では、「後期高齢者医療制度」なるものが発足し、高齢者を前期高齢者と後期高齢者に分けることが一般化している。後期高齢者は75歳以上をさしている。

2012年10月1日現在で、65歳以上の高齢者は約3079万人に達し、後期高齢者でも1519万人に達している。

この数は、今後増えていくことが予想され、高齢者の数がもっとも多くなるのは2040年で、その年には5468万人に達すると予想されている。そのときの総人口は1億7

00万人程度と、現在よりもかなり減少している。なお、2016年2月1日時点での総人口の推定値は、1億2681万人である。

高齢者の占める割合は、2040年以降も伸び続け、2060年には39・9%にまで達するとされている。要するに、4割が高齢者の社会がやってくるわけだ。

その110年前、1950年の時点では、高齢者の割合はわずか4・9%だった。5%にも満たなかったのだ。1985年でも10・3%で、10%をわずかに超えただけだった。

超長寿社会の実現は、超高齢化社会への道なのである。

自分自身が65歳になり、高齢者の仲間入りをしたとき、現在では親が生きている可能性が高くなっている。ちなみに、私の母は現時点で88歳で健在であり、私が65歳になったときには、91歳になっている。十分に生きている可能性がある。

超長寿社会とは、高齢者になっても親が生存している可能性の高い社会である。

昔は、結婚する年齢が若かったこともあり、親と子との年齢差は今よりもかなり小さかった。それでも、65歳になれば、親の20歳のときの子どもだと親は85歳になる。となれば生存している親は、かなり数として少なかったはずである。

高齢者の子どもが、後期高齢者の親の介護をすることは、老老介護の一種である。それは、かなり過酷な介護状況を覚悟しなければならないことを意味する。

たとえ、介護ということに至らなかったとしても、いつまでたっても親がいるという事態に遭遇しなければならなくなってきた。果ては、自分が死ぬときに親が健在という事態も珍しくなくなってきた。

超高齢化社会であるがゆえに起きやすい「先立つ不孝」「逆縁」

ドキュメンタリーの映画として珍しく興行的にヒットした作品に『エンディングノート』というものがあった。2011年の作品で監督は砂田麻美《すなだまみ》氏である。

この映画は、ガンの告知を受け、自らの死に方を考え、思い通りに死のうとする元サラリーマンの最期を描いたもので、監督はその娘である。

娘でなければ撮れない作品だが、有能なサラリーマンであった父親は、まるで仕事上のプロジェクトを進めるかのように自らの死の過程を処理しようとしていく。それが、ある意味極端な形をとるために、観客の笑いを誘ったりもする。そこがヒットした原因だった。

この主人公の姿勢自体興味深いものだが、そのなかに、いよいよ死が迫ってきたという段階になって、主人公が故郷の母親に電話をかけ、別れを告げる場面が出てくる。切ない場面ではあるが、現在の社会では、こうした形で高齢者が超高齢者の親よりも先に逝くという事態は珍しいことでもなくなっているのだ。

かつて私の同僚だった人物が、数年前に62歳で亡くなった。私は葬儀に参列したが、家族の席には、故人の両親と思しき老夫婦が座っているのを目にした。あるいは、夫人の両親だったかもしれないが、それは痛ましい光景である。

「親に先立つ不孝」という言い方がある。孝は、儒教でもっとも重んじられる徳目であり、親に対して忠実に従うことを意味する。子どもが親よりも早く亡くなってしまえば、もう孝を尽くすことができないわけで、それはまさに不孝にあたる。「親に先立つ不幸」と間違って書かれることもあるが、それが親にとって不幸であることも事実である。

仏教には、「逆縁」ということばがある。これは、もともとは仏教の教えを信じないことを意味していたが、しだいに年上の人間が年下の人間の供養を行うことを意味するようになった。転じて、子どもが親よりも先に亡くなることを意味する。

昔、平均寿命がまだ短かった時代には、若くして亡くなる人間も少なくなく、親に先立つ不孝や逆縁という事態が多く生まれたわけだが、今は、そのありさまは大きく変わり、高齢で亡くなっても、そうした事態に直面することになってきた。

とくに、女性と男性では平均寿命に差があり、娘と父親ではそうした事態は起こりにくいが、母親と息子では起こりやすい。『エンディングノート』の事例はまさにそうである。それは、超長寿社会が必然的にもたらす現象の一つなのである。

孤独死は増える一方だが、社会はこれを是が非でも防ごうとはしていない

もう一つ、超長寿社会になったことで生じるようになった問題が、「孤独死」や「無縁《むえん》死《し》」の増加ということである。その背景を探っていくと、親を捨てざるを得ない現実が浮かび上がってくる。

孤独死、無縁死がとくに注目されるきっかけを与えたのが、2010年にNHKスペシャルとして放送された「無縁社会——〝無縁死〟3万2千人の衝撃」という番組であった。ここで言われる無縁死というのは、自分ひとりだけで住んでいる、つまりは単身者世帯で亡くなった死者が、死後何日も発見されないという事態をさしている。これが孤独死とも呼ばれるわけだが、そうした死を迎える人間が年間3万人を超えているというのだ。この番組は、それに強い寂しさを感じさせる内容になっていた。

たったひとりで住んでいて、急病になり、助けを求めようにも、からだが動かない。動

けないので、食事を摂ることもできない。いくら飢えても助けが得られず、しだいに肉体は衰弱していく。そして、誰にも看取られないままいつの間にか亡くなっていく。

亡くなっても、誰もそれに気づかないので、遺体は放置され、しだいに腐敗が進んでいく。ようやく誰かが気づき、部屋の扉を開けたときには、内部には死臭が漂い、遺体は白骨化している。

しかも、身寄りがあるのかどうかも分からない。近所との付き合いもなく、誰も情報をもっていないからだ。ようやく警察が身寄りの人間を探し出して連絡をとっても、もう何十年も音信不通で、縁も切れているので、葬式も出したくないし、遺骨も引き取りたくないと言われてしまう。日本の警察は優秀なので、たいがい身寄りだけは発見される。

そうした場合、死者は「行旅死亡人《こうりょしぼうにん》」として扱われる。この番組を通して、このことばをはじめて知ったという人も少なくないだろう。行旅死亡人とは、要するに行き倒れのことである。

行旅死亡人となったときには、葬儀社の社員が付き添って、火葬場で荼毘《だび》に付されるだけである。遺骨は、無縁仏を供養してくれる寺に預けられ、そこで合祀《ごうし》される。もちろん、そこに参る人は誰もいない。

たしかに、無縁死がこうした過程をたどるものであるなら、随分と寂しいと感じられる。実際、この番組が放送される前には、有名なタレント、女優の孤独死が相次いだ。

２００８年12月には、元タレントの飯島愛《いいじまあい》が、親戚の女性によって死んでいるのが発見された。死後１週間が経過していた。彼女は芸能界を引退しており、その後は芸能人との付き合いもなかった。まだ36歳だった。

２００９年８月には、女優の大原麗子《おおはられいこ》が、やはり死後３日たって発見された。彼女の場合には、前年に、かつて発症した「ギランバレー症候群」が再発し、亡くなるときにはからだの自由を奪われていた。62歳での死だった。

タレントや女優の場合には、華々しい時代を経てきているわけで、一般の人たちにはその時代の印象が強い。その分、孤独死したという事実は、本人にはまったく関係のない人間にさえ哀れみをもよおさせる。

しかし、孤独死した人間は何日も苦しんだわけではなく、心臓発作などを起こしての即死だったかもしれない。そうなると、自分がひとりで死んでいくことに対して寂しいと感じる余裕もなかったはずである。

死んだ後のことは、すでに意識はなくなっているので、寂しいと感じることもない。寂しいと思うのは、もし自分がそうしたことになったらと、将来における自分の姿をそこに重ねて想像してみる他人の方である。

そもそも、人はほとんどの場合、ひとりで死ぬことになる。事故死や心中でもしない限り、一緒に死んでくれる人間はいない。

たとえ病院に入院していたとしても、夜中に急に容態が悪化したというのであれば、看護師にも気づかれずに亡くなってしまう。その死が発見されるのは翌朝のことだ。これと自宅での孤独死とでは、死ぬ場所が違うというだけである。

その後も、孤独死する人は跡を絶たない。その分、孤独死を防ぐ対策が必要だという声は上がっており、政府や地方自治体も対策を立ち上げたりしている。

しかし、介護殺人の場合もそうだが、是が非でも孤独死を防がなければならないという状況にはなっていない。真剣に孤独死の一掃を訴え、その方向で熱心に活動しているのは、宗教団体の創価学会くらいではないだろうか。地域にネットワークを張っている創価学会に入会すれば、たしかに仲間の会員が頻繁にまわってくるので、孤独死という事態は避けられるであろう。

単身者がもっとも多いのは80～84歳の女性

現代の日本人で孤独死に至るのは、ひとりで住んでいる人間である。同居者がいるなら、孤独死にはならない。単身者世帯が増えたことで、必然的に孤独死も増えているわけである。

２０１０年の国勢調査によれば、日本の世帯数は５１８４万２０００世帯で、そのうち、単身者世帯が１６７８万５０００世帯を占めていた。これは全体の32・４％で、単身者世帯がもっとも多くなっていた。

その20年前、１９９０年の国勢調査では、世帯数は４０６７万で、単身者世帯は９３９万だった。世帯数全体は20年で１・２７倍に増えているが、単身者世帯になると１・７９倍にも増えている。結局のところ、単身者世帯の増加が、世帯数の増加の大きな原因になっている。

ただし、単身者世帯がすべて高齢者だというわけではない。

実は、男女によって、どの世代に単身者が多いかは大きく異なっている。男性だと、20歳から24歳がもっとも多く、その世代の３割近くが単身者世帯で、全体のピークを形成している。

男性の単身者世帯は、それ以降減っていく。結婚して所帯をもつからである。そして、70歳から74歳の世代でまた増えるようになり、その世代の10%をわずかに超えるくらいになるが、それ以上年齢が上がっても、割合は増えていかない。

一方、女性だと単身者世帯がもっとも多いのは80歳から84歳の世代で、全体の26%にも達する。これは、最初のピークである20歳から24歳までの21%を上回っている。

これは、夫婦のうち、女性の方が長生きし、男性は先に亡くなることが多いからである。ただ、女性では、若い世代の単身者世帯が増えているものの、男性では、ピークを形成する20歳から24歳の世代以降に単身者世帯の割合が増えている。

これは、未婚の男性が増えているからで、生涯にわたって一度も結婚しない生涯未婚率が高くなっている以上、今後さらに増えていくものと予想される。生涯のほとんどを単身者として暮らす人間が、これからは多くなっていくのである。

単身者世帯が増えたのは、戦後、多くの人間が地方から都会に出てきて、新しい世帯を作るようになったからである。それが、根本的な原因である。

地方の家では、異なる世代が同居して生活している。3世代同居は当たり前で、4世代同居ということだってあり得る。そうした家は、まさに代々続いてきた家と言えるものである。同じ家でも、都会にある核家族とはそのあり方が根本から異なる。

それも、地方の家が経済的な共同体としての性格を色濃くもっているからである。そのため、家族も積極的に家を守ろうとする。かつては、そのことに家族がすべてを尽くしていた。

しかし、都会にできた家は規模の小さな核家族で、とても代々は続いていかないものである。

最初は夫婦だけで生活している。やがては子どもも生まれるだろうが、子どもの数は2人が多く、多くても3人である。そうなると、せいぜい5人程度で生活するのが基本的なスタイルになる。

その際には2世代による同居である。夫婦どちらかの親を呼び寄せて3世代同居ということもあり得るが、親が亡くなれば、また2世代同居に戻っていく。

さらに、子どもが進学や就職、結婚などで巣立てば、残るのは夫婦だけである。そして、夫婦のうちどちらかが亡くなれば、単身者世帯になってしまう。

結婚する意味、子どもをもつ意義を見つけづらい都会の生活

こうした都会に生まれた家というものは、それほど遠くない将来に消えていく宿命にある。核家族の寿命は、結婚してその家庭が生まれてから、残された夫婦のどちらかが亡くなるまでの50年程度と考えられるのではないだろうか。

核家族は、最後の段階で、必然的に単身者世帯になってしまう。また、核家族で育った子どもが、その家から巣立っても、結婚していなければ、あるいは生涯結婚しなければ、単身者世帯が増えるだけである。

都会は、いろいろと便利なものがあるので、ひとりで暮らしていても不自由を感じない。これが地方だと、今ならコンビニくらいはあるかもしれないが、ひとり暮らしには不便である。

さらに、最近では、「おひとりさま」を大切な客として尊重しようとする動きもあり、以前よりもはるかにひとりでいることの居心地がよくなっている。

なぜ結婚して、家庭をもうけ、苦労して子どもを育てていかなければならないのか。そうした疑問に対して答えを出すことが難しい世の中になっているのである。

かつてのように、家が経済的な共同体としての性格をもっていた時代には、家を存続させることが至上命令であり、世帯主となる人間が結婚しなかったり、子どもを作らないということは考えられなかった。家がなければ、生活できないわけで、皆家にすがるしかなかった。

たとえば、今でも、歌舞伎役者は結婚することを求められ、結婚すれば、子ども、とくに男児を早く作るように、さまざまな形で圧力がかかる。その家の芸を子どもに受け継がせる必要があるからで、子どもは大切な、その家にとっては不可欠な「戦力」なのである。子どもの初舞台ともなれば、贔屓《ひいき》がこぞって劇場にかけつけるし、ご祝儀もはずむ。やがてその子が成長すれば、親が出演している舞台で共演する。そして、役者同士が姻戚関係を結び、襲名《しゅうめい》披露の際には、「親戚のひとりとして襲名の舞台に立てたこと、これほどの喜びはございません」という口上を述べる。

そうした家庭なら、子どもを作ることは是非とも必要なことで、それに疑問を感じたりはしない。疑問の生まれる余地もない。

だが、都会に生まれた核家族は、そうした機能を果たさないわけで、あえてそうした家庭を作る意義を見出せない人間が出てきても不思議ではないのだ。

家庭を作れば、少なくとも、夫婦の相手方の親族との付き合いが生まれ、それは面倒なことであったりする。その割に、結婚に意義を見出せない。今は、そうした社会になっているのである。

サラリーマン家庭で子どもを作ることに意味があるとすれば、それは、子どもを媒介にして地域などにつながりができるということである。とくに幼稚園や保育園、そして小学校に上がれば、親同士の関係も生まれるし、地域とかかわることも多くなる。それは、単身者には難しいことである。

しかし、そうした地域のつながりは、生きていく上で絶対に必要だというわけではない。今は、自分が住んでいる地域にひとりも知り合いがいなくても、生きていくことはできる。格別それで不便はないし、寂しいと感じることもない。地方とはまるで環境が違うのである。

「家の力」は衰え、ますます家のない社会へとむかう超長寿国

こうなってくると、結婚し、子どもを作ることは、人生における一つの選択肢、オプションになっていく。それを選ぶかどうかは、本人次第なのである。

しかも、雇用が流動化するなかで、非正規雇用という状況におかれれば、なかなか結婚にはむかわなくなる。

あらゆることが、家を作らないという方向にむかっている。私たちは、今や、「家のない社会」へとむかっていることを認識しなければならないのである。

それだけ弱体化した家において、介護を行うということ自体が無理である。

家族の数が多いなら、それぞれが分担して老いた人間の介護にあたることができた。ところが、現代のとくに都会にある家では、介護される人間1人に対して、介護者は1人か、せいぜい2人である。

一対一で介護しなければならず、しかも、介護される側の要介護のレベルが2から3、3から4と上がっていけば、自宅での介護は限界に達する。とても仕事などしていることはできず、介護に専念すれば、仕事を辞めなければならず、生活が破綻する。

現代の家には、そこに生きる人間を最期まで守りきるだけの力はない。それでも、自宅で介護しようとすれば、破綻は目に見えている。

毎日新聞社が、2016年1月に介護・ヘルスケア事業会社の「インターネットインフィニティー」と共同して行った調査では、介護家族と接しているケアマネージャーの55%が、「殺人や心中が起きてもおかしくないと感じたことがある」と答えている。実際に、介護殺人が起こったと答えているケアマネージャーもいた（毎日新聞、2016年2月28

日付朝刊)。

日本は世界に冠たる超長寿社会になっている。高齢者でも、後期高齢者でも、なかなか死なない社会になっている。

それ自体はめでたいことで、世界から見れば、うらやましい事態である。

しかし、高齢になれば、介護の問題がどうしても生まれてくる。昔のように、世帯の人数が多く、また、家が共同体としての性格を有していた時代には、家で高齢者の面倒を見ることができた。

私の祖父は72歳で亡くなり、それは私が小学校に上がったばかりのときだったが、私が物心ついたときには、認知症になり、水風呂に入ってしまうようなことがあった。

祖父は東京帝国大学を卒業していた人物だったが、私はその片鱗さえ感じることができなかった。

しかし、当時の我が家には、祖父がいて、私の両親がいて、妹がいた。3世代同居で、まだ祖父の介護をする余裕があった。祖父の行動は家族を困らせたかもしれないが、それが極めて深刻なものだという空気はなかったように思う。

私がまだ幼かったので、それを感じることができなかっただけなのかもしれないが、介護する人間は祖母と母で、おそらくまだ余力があったことだろう。少なくとも、父はそれにかかわる必要はなく、仕事を辞めることなどもなく一家の生活が破綻することはなかった。

ところが、現在では、家の力はすっかり衰えてしまった。年老いた夫婦だけ、あるいは年老いた親とその子どもひとりでは、とても介護を続ける余裕はない。どこかで行き詰まらざるを得ない。

そうした家は、これからも増えていくし、それぞれの家の力はさらに衰えていく。

そこに、親捨てということが切実な問題として浮上してくる決定的な要因があるわけである。

第3章

終活はなぜ無駄なのか

隆盛を誇る終活産業のキーワードは「子どもに迷惑をかけたくない」

今や高齢者のキーワードは、「子どもには迷惑をかけたくない」である。

これは、さまざまな場面で使われる。とくに多いのが、葬儀や墓など自分の死後のことについて問われたときで、テレビのインタビューなどで高齢者の口から、このことばが出てくるのをよく耳にする。

当たり前のことだが、自分の死後の後始末は、死んだ本人にはできない。だから、必ずや誰か、たいがいは自分の子どもということになるが、その人間の世話にならなければならない。それは子どもにとって迷惑になるかもしれないので、できるだけその負担を減らしてやりたいというわけである。

積極的な人になると、迷惑をかけないようにと、「終活《しゅうかつ》」と呼ばれる活動をするようになる。

「終活」ということばは、就職活動を意味する「就活」からの連想で生まれたものである。終活の方は、2009年に『週刊朝日』誌が使ったのが最初と言われる。

私が『葬式は、要らない』を、幻冬舎新書の一冊として刊行したのは、その翌年、20

10年1月のことだった。そこから考えると、終活ということばは、そうしたことに関心が集まる時代に生まれたことになる。

終活が意味するところは相当に幅が広い。

エンディングノートや遺言書を書くことから、最期に備えて身の回りの整理をしておくこと、相続のやり方を決めておくこと、墓を購入しておくことなどが含まれる。

終活のなかには、相続や葬儀、墓などのことが含まれるわけだ。どれもそれなりに金が動くため、「終活産業」なるものも生まれた。終活の専門誌も刊行されている（産経新聞出版の『終活読本ソナエ』）。終活の相談に乗る終活コーディネーターなる職種、あるいは資格も生まれている。

なにしろ、年間の死亡者は、2015年に130万人を超えた。いくら平均寿命が延びても、死は避けられない。しかも、その数は毎年増え続けている。2025年には、年間の死亡者は160万人を超えると推計されている。

死亡者が増えるということは、終活の対象者が増えるということである。終活産業はますます隆盛を極めようとしている。

そうした状況のなかで、「子どもには迷惑をかけたくない」というキーワードが浮上してくるわけである。

ただ、高齢者が子どもに迷惑をかけたくないと思っていたとしても、それは簡単には実現されない。

そこには、さまざまな障害がある。重要なのは、その点を終活を行っているつもりの人間たちが十分には認識できていないことである。

まず、分かりやすい例を挙げてみよう。

「家族葬」「直葬」が増加する一方、墓のない家も増えている

終活の代表の一つが、葬儀の方法や墓の選択の仕方を生前に決めておくというものである。あらかじめ準備をしておけば、子どもの迷惑になることはないというわけだ。

現在では、家族だけで行う、あまり金をかけない葬儀、「家族葬」が普及するようになってきた。すでに、この家族葬が葬儀の中心になっている。

さらには、火葬場に直行し、荼毘に付すだけで終わりにしてしまう「直葬《ちょくそう》」も、首都圏では全体の4分の1を占めるまでになった。

この直葬になると、僧侶を火葬場に呼ぶことはほとんどない。その点で、仏教式の葬儀

ではないわけだ。

これは、『葬式は、要らない』を刊行したときに感じたことだが、葬式という場合、死者を弔うための儀式という意味が基本になるわけだが、なかには、それを仏教式の葬儀に限定してとらえる人たちも少なくない。つまり、葬式は不要ということを、僧侶を呼ばない形で弔いを行うこととして理解する人がかなりいるわけだ。

現在では、「葬儀は身内だけで済ませた」と言えば、誰からも文句を言われない状況が生まれている。ちゃんとした葬儀をしないと、あるいは、故人の生前の功績に見合った立派な葬儀をあげないと、「世間体が悪い」という時代ではまるでなくなってきたのだ。

それぞれの地元には地方紙と呼ばれる、その地方でだけ売られている新聞がある。そうした地方紙では、「お悔やみ欄」が売り物になっている。以前なら、その地域の住民が亡くなれば、必ずその欄で告知され、いつどこで通夜や葬儀があるかも掲載された。

ところが、最近では、お悔やみ欄に掲載されるのを嫌う遺族が増え、半分くらいは掲載されなくなっているという。この話は、お悔やみ欄に目を通すことを楽しみ（!?）にしている私の読者の方から聞いた。

ひっそりと亡くなり、葬儀には多くの参列者を呼ばないということがどこでも当たり前になりつつある。その点では、葬儀の面で子どもに迷惑をかけることは着実に少なくなっている。

なおかつ、生前にそのやり方を決めておけば、遺族も迷うことはない。この面では、終活にも意味がある。

ただし、葬儀の後には、墓という難問が待ちかまえている。

現在の日本は「火葬大国」で、99・9%が火葬される。これほど火葬が広まった国は世界中で他にない。

土葬が全面的に禁止されているわけではない。山間部などではまだ土葬の習俗が生きているが、多くの人はその経験がなく、今や土葬に嫌悪感をもつ人間さえ生まれている。つい20～30年前まで土葬は多かったのだから、死に対するとらえ方というものは、実にあっさりと変化するものだ。この点は重要だ。

火葬されれば、後には遺骨が残る。この残された遺骨は、基本的に遺族が処理しなければならない。

もっとも一般的なやり方が、墓に埋葬することである。昔は、それに誰も疑問をもたなかった。それも、どの家にも必ずや墓があったからである。

ところが、今や墓がない家が増えつつあるのだ。

墓のない家が38・4%もある

「保険クリニック」という相談窓口が、2015年8月に500人（男女同数）を対象に実施したウェブ調査がある。

それによると、「お墓は準備していますか」という質問に対して、先祖代々の墓があるが52・6%、生前に購入したが9・0%、購入予定が10・2%、購入しないが28・2%という回答が寄せられた。

購入予定と購入しないを合わせると、38・4%が、今のところ墓がないということになる。

では、購入しないと答えている人たちは、どうしようとしているのだろうか。直接、それにあたる質問はないのだが、「どんなお墓、どんな埋葬方法が良いですか」という問いを見ると、そこからある程度推測することができる。

500人のうち、霊園・共同墓地が216人、散骨が101人、近くのお寺（教会）の墓地が80人、樹木葬が54人、タワー墓地・納骨堂が43人、その他が6人である。

このなかで、散骨と樹木葬を合わせると、155人にもなり、全体の31・0％にあたる。これは、購入しないの28・2％に近い。それからすると、墓を購入しないとしている人たちは、散骨や樹木葬を念頭においているらしい。

ただ、樹木葬については誤解が多い。正しくその意味を理解していない人が少なくないように見受けられる。

そもそも樹木葬は最近生まれた埋葬の仕方なのだが、それができるのは墓地として認可を受けた霊園だけである。墓石を建てない代わりに樹木を植えるのが、樹木葬ということになる。

ところが、樹木葬を希望する人たちの意識としては、墓に埋葬することとは区別されている。むしろ、散骨に近いものとして認識されている。

樹木葬でも、墓地である以上、その墓を守ってくれる人間を必要とする。それに、購入した後の管理料もそれなりにかかるわけだ。

墓にかんして、「子どもには迷惑をかけたくない」と言うとき、もう一つ散骨という選択肢が浮上してくる。アンケート調査で、500人のうち100人を超える人たちがそれを希望しているというのは注目される。それだけ散骨が普及し、一般化したということでもある。

だが、散骨を希望する人たちの遺骨が実際に海や山に撒かれるかと言えば、必ずしもそうではない。

親鸞同様、散骨の希望がかなわなかった俳優の三國連太郎氏

俳優の三國連太郎《みくにれんたろう》氏は、2013年4月14日に90歳で亡くなったが、「戒名は要らない」「散骨して誰にも知らせるな」と遺言していた。

三國氏の場合、散骨を希望したのは、たんに「子どもには迷惑をかけたくない」ということではなく、自身の信仰がかかわっていた。

三國氏は浄土真宗《じょうどしんしゅう》の門徒《もんと》で、宗祖《しゅうそ》である親鸞《しんらん》を敬愛しており、1987年には、親鸞の伝記映画である『親鸞　白い道』を製作・監督した。この作品は、カンヌ国際映画祭で審査員特別賞を受賞している。

親鸞は、「某《それがし》　親鸞閉眼せば、賀茂河《かもがわ》にいれて魚にあたふべし」という遺言を残している。これは、親鸞の曽孫《ひまご》で本願寺《ほんがんじ》三世となった覚如《かくにょ》の『改邪鈔《かいじゃしょう》』という文書に記されている。

晩年の親鸞は京都で生活し、そこで亡くなるが、死んだらそこを流れる鴨川に遺体を流し、

魚の餌にしてほしいと言っていたのだ。

おそらく三國氏の念頭には、この親鸞のことばがあったことだろう。

ところが、親鸞の場合もそうだったのだが、三國氏の場合も、その遺言通りにはいかなかったようだ。

親鸞が僧侶でありながら妻帯していたのは有名な話で、妻である恵信尼《えしんに》とのあいだに数人の子どもがいて、そのなかに覚信尼《かくしんに》という娘があった。この娘が父親の最期を看取るのだが、父親の遺体を鴨川に流すことはなかった。代わりに、父親の遺骨を祀るための草堂《そうどう》を建ててしまった。これが、本願寺のはじまりである。

三國氏の方も、この親鸞の死後と重なるのだが、散骨はされず、西伊豆にある佐藤家《さとう》の墓に葬られた。それは、息子の佐藤浩市《こういち》氏の強い意志だったと言われる。

なぜ佐藤氏が墓に葬ることにこだわったのか、その理由は分からない。

だが、本人は散骨を希望していながら、それが実現しないことはよくある。

なぜそうなるかと言えば、親と子どもの考え方のあいだに隔たりがあるからである。

親の方は、「子どもには迷惑をかけたくない」が基本方針だから、墓など作らず散骨してほしいと望む。そこには、墓への埋葬を望まない本人の思いもあるし、そもそも死んだらそれで終わりなのだから、墓への埋葬など不要だという気持ちも働いている。

ところが、子どもの方は、まず「子どもには迷惑をかけたくない」というのは、随分と水臭いことではないかと考える。自分が親から頼りにされていないようで、そこに納得できないのだ。

「墓がないから墓参りができない」では世間体が悪い

ただ、それはさほど大きなことではない。ちょっとした言い訳であったりもする。

それ以上に大きいのが墓参りの問題である。

散骨するなら、基本的に墓は作らないわけで、墓がなければ墓参りにも行けなくなる。

それが、子どもたちが親の希望に反対し、散骨に抵抗する大きな理由になっている。

墓参りという習俗は、現在盛んに行われている。楽天リサーチ株式会社が2014年のお盆が終わった直後の8月17日、18日に行った「お墓参りに関する調査」（対象者は1000人）では、その年、それまでに一度でも墓参りをした人間の割合は65％にのぼるという結果が出た。

平均は2・5回である。20代だと54％と平均を下回るが、40代以降は、どの世代でも70

%以上が墓参りを一度以上したと答えている。お盆に限ると、全体の3分の1が墓参りをしたと答えている。

墓参りはかなり盛んなわけだが、最近では、一方で、葬儀の簡素化とともに、年忌法要《ねんきほうよう》を行わない傾向が強くなっている。そのことが、どうやら墓参りの流行と関係しているようなのだ。

年忌法要とは、亡くなってから1年がたったときの一周忌や、その次の年に行われる三回忌、そして七回忌や十三回忌などである。年忌法要をしなくなったのは、特定の寺の檀《だん》家《か》になっていないことが増えたからである。檀家になっていないと、法要のやりようがない。その結果、せいぜい家族で墓参りをして、食事をして済ませてしまうというスタイルが広まっている。

以前は、法事があるというのが、会社を休むときの格好の言い訳になっていたが、今はそういうこともない。

年忌法要、法事は行わなくなっても、墓参りについては意外に盛んに行われているのが今の状況である。法事を行わないからこそ、墓参りが盛んになっているとも言える。それも、法事を行わなければ、墓参り以外に家族が一堂に会する機会がないからだ。

そこで、親が散骨を希望しても、その意向には従えないと、子どもが反対するのである。こうした親と子どもの考え方のズレは、人を葬るということを経験しているかどうかということも関係している。

親の方は、すでに自分の親の葬儀や埋葬、あるいは相続ということを経験している。つまりは、そうしたことがいかに厄介なことであるかを体験を通して知っているのだ。

私の『葬式は、要らない』が刊行された直後、この本を読んでくれたという人に何人も出会った。そうした人たちのなかで最近近親者の死を経験した人たちは、異口同音に、そうした機会に出会う前にこの本を読んでおけばよかったと語っていた。それほど、人を葬るということは、実際に経験してみなければ、それがいかに面倒かが分からないのだ。

何より、葬儀は突然やってくる。寝たきりの高齢者がいて、回復の見込みがなかったとしても、いつ亡くなるかは分からない。死は突然の出来事であり、こころの準備ができていないときに突然やってきてしまうのだ。それも、葬儀がやっかいなものになる原因の一つである。

ところが、子どもの方は、まだそうした経験をしていないわけで、親の経験した大変さが理解できない。そのため、親の「子どもには迷惑をかけたくない」という気持ちを汲むことができないのだ。

だからこそ、「墓がなければ墓参りもできないではないか」というところにこだわる。そして、反対する理由として、「世間体が悪い」といったことを持ち出したりするのである。

家の弱体化で増える無縁墓

実は、墓参りという習俗はそれほど昔から行われていたわけではない。案外、その点は認識されていない。

土葬の時代には、遺体は村の共同墓地に葬られ、そこは、時間がたつと棺桶も遺体も腐ってしまうので陥没する。したがって、そこに墓石など建てることはできなかった。こうした墓を、民俗学の世界では「埋め墓」と言う。

一方で、名主や村長をつとめるような村の名家になると、それとは別に「参り墓」を設け、そちらに墓参りした。しかし、一般の村人は、つまりは庶民の家では、そんな参り墓など作らなかった。したがって、墓参りなどしなかった。参り墓のある家だって、すぐ近くに墓があるわけで、簡単に参ることができた。今の墓参りとは、手間も感覚も違う。

では、土葬が一般的だった時代には、供養などしなかったのだろうか。

当時、供養の中心は「仏壇」だった。仏壇に故人の位牌を祀り、そこで手を合わせ、先祖の供養を行ったのだ。

浄土真宗が広まった北陸の真宗地帯などでは、大きな仏壇を購入し、仏間まで作った。仏間には、隠居した年寄りが生活する、そうしたライフ・スタイルが広まった。

あるいは、寺に「位牌堂」というものがあって、そこに設けられた仏壇で、死者の供養を行うという場合もあった。

この位牌堂が今でも設けられている地域が結構ある。東北などでは、今は別に墓もあり、地元の人たちは、冬に雪が降ったときに墓参りできない代わりだと思っていたりするが、雪の多く降らない地域にも位牌堂はあるので、積雪が理由ではない。墓を設けない時代に、寺の檀家にするために、あるいはなるために位牌堂が利用されたのだ。

墓参りの習俗が広まるのは、むしろ戦後の都市社会においてである。

都市部で生活している人間は、地方から出てきた者が多く、そうした人間の場合、故郷には墓があっても、それは自分たちが入るものではなかった。そもそも、都会での生活が長くなれば、そこに定着し、故郷に帰ろうとはしなくなる。

そこで、都会に墓を買うことになるのだが、住んでいる場所の近くには高くて買えないことが多い。その結果、自然と郊外の不便な場所にある霊園に墓を建てることになった。

そうした墓には、これも戦後に普及したマイカーで出かけていく。その代わりに、自分たちが住んでいる家は狭いこともあり、仏壇を設けたりはしない。普段仏壇では死者の供養をせず、1年に一度か二度、家族で墓参りすることで死者の供養を行うという習俗が、こうして生まれたのである。決して昔から広く行われていたわけではない。

けれども、墓というのは厄介なものである。なにしろ、それを守り続けてくれる人間をどうしても必要とするからだ。

墓を購入しても、購入者がそこを所有できるわけではない。墓は墓地の管理者の所有であり、使用者はそこを借りるわけである。

ゴルフ場の会員権のようなものかもしれないが、使用権の転売ができない点でまったく違う。しかも、毎年「管理料」を支払わなければならない。

管理料を滞納すれば、墓は「無縁墓」になっていく。今、日本全国で、この無縁墓が急激に増加し、社会問題にさえなっている。無縁墓が増えているだけではなく、新しく墓を建てても、急速に無縁化していく。

たとえ現時点では墓の世話をし管理料を支払ってくれる家族がいても、その先は見通しがないということが多い。前の章で述べたように、現在の家族は、核家族化が進み、弱体化しているので、どうしてもそうした事態が生まれてしまうのだ。

家の弱体化が無縁死を増加させたように、それは無縁墓も増やしているのである。

終活でどんなに思案しても、遺産が少なければ少ないほどもめる相続

ただし、葬儀のやり方や墓の問題は、まだ、それ単独では、それほど深刻なことではないとも言える。

なにしろ、親の方は亡くなってしまうわけで、どんな葬儀が営まれようと、あるいは営まれなかったとしても、文句をつけるわけにはいかないからだ。

散骨を希望しながら、墓に葬られても、まさかそれで化けて出ることもない。結局は、生きている側の意思が一番優先されることになる。

ところが、そこに金のことがからんでくると、事態はやっかいなものになってくる。

終活のなかには、相続の問題も含まれる。財産が少しでもあれば、それは関係者のあいだで相続の対象になる。

相続のやり方についてはなかなか複雑である。民法では「法定相続分」というのが定められていて、誰が相続人になるのか、相続人のあいだでの遺産の分割方法はどうするのかといったことが定められている。

ところが、故人が遺言を残すならば、相続人のあいだでの分割方法を定めることができるようになっている。したがって、ある特定の個人に遺産を全額残すと遺言することもできないわけではない。

ただし、遺言通りになるのは、相続人の立場にある人間がそれを認めたときに限られる。財産を渡さないとされた遺族には、「遺留分減殺請求権」というものがある。相続人としての資格がある人間が申し立てれば、最低法定相続分の半分は確保できる。相続の資格があるのに、まったく遺産がもらえないということはないわけである。

一方では、遺言が効力をもち、その一方で、法律的に遺留分が必ず認められるということで、いろいろと複雑なことが起こる。それが遺産をめぐる争いを生みやすい原因になっている。

知り合いの司法書士の話によれば、遺産相続でもめるのは、遺産が多い場合ではなく、むしろ遺産の額が少ない場合であるという。

それは、意外なことにも思えるが、少し考えてみれば納得できる。

まず、多額の遺産を残すことになるであろう人間は、生前に相続が生じたときにどうすべきか綿密な計画を立て、専門家にも相談し、さらには相続人にも相談をもちかけているはずだ。本人がやろうとしなくても、周りはそれを許さない。当人と関係するそれぞれの人間の生活がそこにかかっているからだ。

それに、遺産の額が多ければ、それぞれの相続人に渡る額も多くなり、問題はそれをいかに減らさないかということになる。つまり、相続税などの対策を立てる必要があるわけで、その点で相続人同士の利害が一致する。

ところが、遺産の額が少ない場合には、まず故人が生前に十分な対策を立てていないことが多い。しかも、そうしたケースでは、相続人の方も、さほど多くの財産をもっていないことが多く、少しでも遺産が多く入ることを強く望み、そこにこだわる。費用がかかるのを嫌い、専門家に依頼するということも少ないので、相続人同士で話し合いの場をもつことになるが、そうなるとどうしてももめることになる。

相続を通して兄弟姉妹が不仲になり、絶縁状態になってしまったという話はよく聞く。なまじ遺産があることが不幸を生む原因になっている。親の方としては、子どもに迷惑をかけないというだけではなく、子どものためを思って必死に財産を残そうとするのだろうが、それが裏目に出るのである。

一番もめるケースは、故人が一戸建ての住宅やマンションを所有していたという場合だ。兄弟姉妹が複数いて、相続人の数が多ければ、誰かひとりがその家を相続するというわけにはいかない。住宅やマンションは売却し、相続人のあいだで現金化して分割するということになる。

子どもが3人いて、そのうちのひとりが、両親と同居して、介護をしていたとする。遺言では、その子どもに家は譲るとなっている。

そうなると、他の兄弟姉妹が黙っていない。介護による貢献をどの程度認めるのかについては、介護した人間としなかった人間とでは考え方が異なる。法廷に持ち込んでも、介護による貢献があまり認められなかったりするので、介護した兄弟姉妹には強い不満が残る。

そうしたことを考えると、現在の相続のシステム自体が、それにかかわる人間にとって過酷で残酷なものである。

遺産を残す人間が終活の一環として相続の方法をいろいろと考えていても、現実にはそれで丸く収まることはない。終活は結局、失敗に終わる可能性が高いのだ。もっとも、財産を残す本人はすでにあの世に逝っているので、子どもたちがもめる場面に遭遇するわけではない。

旧民法で定められていた、すべてを長男が相続する家督相続

戦前においては、相続のあり方は今とは根本的に異なるものだった。そのことを知ると、現在の相続の問題点も見えてきたりする。

相続の仕方を規定しているのは民法である。民法は最初、1898（明治31）年に制定された。それが、戦後の1947（昭和22）年に大幅に改正された。現在民法と言えば、後者のことをさし、前者は「旧民法」と呼ばれる。

旧民法の規定で、今とは違うもっとも重要な点は、「戸主《こしゅ》」という存在に家を統率する権限が与えられていて、財産については「家督《かとく》相続」の制度が定められていたことにある。

今、戸主ということばは、世帯主と同じ意味で使われることもあるが、法律上戸主の名称は戦後民法が改正されたときに廃止されている。したがって、現在は戸主という存在はないわけだが、昔の戸主には強い権限と、それに見合う責任が課せられていた。

とくにそれは家督相続ということに関係しているが、その家の財産はすべて戸主によって相続されるというのが、この制度の一番の特徴だった。

これは、現在の民法が規定している「均分相続」とは根本からして違う。均分相続では、相続の権利をもつ人間のあいだで財産は均等に分配されるが、家督相続の制度では、戸主以外の家族に財産はまったく分与されなかったのだ。

その代わりに、戸主には、他の家族の扶養義務が課せられていた。ここも、今の世帯主とはまるで違う。家族が結婚したり養子縁組をするというときにも、戸主の同意が必要で、どこに住むかということも、戸主が指定した。

今の人たちが、この家督相続の話を聞くと、随分と封建的で、戸主以外の家族には人権が与えられていないように感じられるだろう。実際、そうした面はある。

だが、旧民法が生きていた時代には、こうした制度がどうしても必要だった。それは、稲作をやっている農家のことを考えてみればいい。

農家は稲作を行うために、水田を所有している。どれほどの水田を所有しているかで、その家の財力が決まったわけで、なかには、自分の家では水田を所有することができず、地主から田を借りて、それを耕作しなければならない貧しい農家も少なくなかった。いわゆる「小作農」である。

戦後には「農地改革」が行われ、小作地が大幅に減少する。農地全体に占める小作地の割合は、46%から10%に激減した。これによって、自作農が一挙に増えたのである。

仮に1軒の自作農があったとして、その家の戸主が亡くなったとする。現在の均分相続では、その家が所有していた農地は、子どもたちのあいだで平等に分割されることになるが、そうなると当然、1軒あたりの水田の面積は相当に小さくなってしまう。

そうである以上、水田を耕しているだけでは、生活が成り立たなくなる。これに対して、家督相続では、戸主となる人間、たいがいは長男がすべてを相続する。そうなれば、その農家の経済基盤が崩れることはなく、稲作を続けることができるのである。

戸主の姉妹については、他家に嫁ぐことになる。その際に、結納金や持参金を支払うのも戸主のつとめである。

一方、兄弟については、分家させ、新しく家を設けさせるということもあった。ただ、分家させるだけの経済力がその家になければ、家を継げない次男以下は、「部屋住み」として、結婚もできない立場におかれた。

こうした部屋住みという身分は、旧民法が定められる前からあり、江戸時代の武士の家にも存在した。江戸幕府の八代将軍徳川吉宗《よしむね》が紀州《きしゅう》徳川家の部屋住みだったことはよく知られている。

部屋住みの武士であれば、養子の口がかかるのを待つしかなかったが、農家の場合には、商家などに丁稚奉公に出すという手もあった。それは、「口減らし」と呼ばれたりした。家からいなくなれば、その分、食費などがかからないからである。

1億円相続しても120万円の税金で済んだ旧民法

このように見ていくと、やはり昔の家のあり方は、相当に抑圧的で差別的であり、家督相続の制度が戦後に廃止されるのも当然だということになる。

だが一方で、戸主にはさまざまな義務が課せられていたわけで、隠居した年寄りの面倒を見ることも、墓を守り、先祖供養を続けていくことも、戸主のつとめとされていた。家督相続にあずかれない兄弟姉妹は、さまざまな点で戸主に頼ることができた。

それも、家というものが、今とは違い、その家に所属している人間たちの生活を支える経済的な共同体としての性格をもっていたからである。

それは、農家だけのことではなく、商家などについても言えることだった。もちろん、江戸時代の武家の場合もそうだった。

商家では、戸主として商売を繁盛させるためには、一定の才覚が必要で、子どもにもそうした能力があるとは限らなかった。かえって子どもの場合には、商家に経済力があれば、金を遊興に使ってしまい、商才を伸ばすことができないこともある。

そうした遊び人に家を継がせるわけにはいかない。そこで、商家では、優秀な番頭に家を継がせるようにし、その番頭と娘を結婚させたりした。それも、家を守るということが、何よりも重要なこととされていたからである。

そうした商家のなかから、明治時代に入ると、財閥が生まれるようになる。現在の企業は株式会社の形態をとることがほとんどだが、昔の財閥は、社員が無限の責任を負う代わりに、利益を独占できる合名会社や合資会社の形態をとっていた。企業の中核に、創業者の家があり、その家が企業を保有し続けたのである。

戦前の社会において、そうした財閥のオーナーや大地主が存在し得たのも、家督相続の制度があったからだが、相続税の制度が現在とはまったく違う点も、それに寄与した。

現在の相続税の制度のもとでは、創業者などが築き上げた財産を、そっくりそのまま子どもが受け継ぐなどということは不可能である。今の日本に大地主がいないのも、それが関係する。財産の額が大きければ、莫大な相続税の支払いを必要とするからである。

相続税の制度については、世界でもそれがある国とない国とがある。贈与税がない国さえある。所得については、どこの国でも所得税がかけられるので、相続税まで課税することは「二重課税」ではないかという議論もあるくらいだ。

日本で相続税が設けられたのには、戦争ということが関係していた。

日本は、1894（明治27）年から95（同28）年にかけて、日清戦争を戦い、それに勝利するが、その10年後、1904（同37）年から1905（同38）年にかけて、今度はロシアと戦うことになる。日露戦争である。

その日露戦争には、膨大な戦費を必要とした。そこで、1904（明治37）年度に、非常特別税法にもとづいて、毛織物消費税や石油消費税が新設されたほか、地租や所得税の増税が行われた。地租というのは所有する土地からあがる収益に課税されるもので、これも戦後廃止され、固定資産税に組み込まれている。

新しい税金や増税は臨時のものだったので、すぐに戦争が終われば、廃止されるはずだった。ところが、戦争は続き、1905（明治38）年度には、さらなる税の新設と増税が行われた。そのとき相続税が誕生したのである。

ただし、今とは異なり、遺産の総額に対して課税される「遺産税方式」が採用された。現在の相続税は、「遺産取得税方式」と言われるもので、遺産を受けとった人間ごとに課税されるものである。

これは家督相続の時代のことなので、どちらの方式をとってもあまり変わらないということになるが、もう一つ今との大きな違いは、相続税の税率が相当に低かったことである。税率は1000分の12だった。仮に1億円を相続しても、相続税は120万円で済んだのである。

遺産などない方が子どもに迷惑をかけない

戦前において、たとえ相続という事態が生じても、財閥が存続したり、大土地所有者が生き延びることができたのも、こうした相続税の制度があったからである。今なら、とても考えられない。だから、皆株式会社という形態をとっているわけである。

GHQは、日本の戦前の体制、軍国主義の体制が解体されるよう、あらゆる手を尽くした。そのなかでも、財閥を解体し、大土地所有者をなくすことが、日本の民主化に結びつき、ふたたび軍国主義へむかうことを防止することにつながると考えた。

そうした改革は、日本社会に多大な影響を与え、社会の存立構造は根本から改められた。そして、家というもののあり方も、戦前とはまったく違うものになった。基本的に、家は経済的な共同体としての機能を失っていくのである。

そこには、高度経済成長ということも大きくかかわっており、家の弱体化に拍車をかけた。

それ以前の段階では、日本人の多くは第一次産業に従事しており、たとえ家督相続の制度がなくなったとしても、家の果たす役割は大きかった。依然として家というものは、経済的な共同体として機能したのである。

ところが、高度経済成長は、第一次産業から第二次、第三次産業への産業構造の転換を伴い、都市への人口の大規模な移動という現象を生んだ。簡単に言えば、農家が減り、サラリーマン家庭が増大したのである。

農家もサラリーマン家庭も、家族が生活する場ということでは、同じ家である。

しかし、そのあり方はまったく違う。サラリーマンの築き上げた家族は、「マイ・ホーム」などと呼ばれて、一時期もて囃《はや》されたが、農家との決定的な違いは、経済的な共同体ではないということにある。

もちろん、サラリーマン家庭でも、基本的に経済は一つである。親が働いた金で、その家の経済をまかない、子どもはその金で育てられ、学校に通う。

しかし、自営業の家庭でもなければ、その家の働き手のつとめる先は別々で、子どもが親の仕事を受け継ぐということもない。少なくとも、子どもが親と同じ会社につとめ、親と同じ仕事を続けるということはまずないのだ。

この点からすると、昔の農家や商家などと比較した場合、現代のサラリーマン家庭は、果たして「家」と呼べるものなのだろうか。そこからして疑問を感じざるを得ない。

事実、前の章でも見たように、単身者の世帯が増えているわけで、単身者世帯は、人の住《す》み処《か》ではあるかもしれないが、とても家とは言えない。現在の日本社会は、かつての状況とは異なり、とても家社会とは呼べない状況にある。

したがって、相続というものも、資産を受け継ぐようなものにはならない。それは、たんなる金銭の分捕り合戦にすぎないものになっている。分捕り合戦であるからこそ、遺産をめぐって多くのケースでもめる。誰もが必死に、自分の取り分を大きくしようとするからだ。

死んでいく親の方は、子どもたちのあいだでそうした争いが起きないようにと、いろいろと配慮しても、分捕り合戦になると、それに加わる人間たちは血眼になって奪い合う。

私の小学校時代の同級生にも、それまではまったく自分でも無関心だと思っていたのに、いざ親が亡くなり、相続の問題が生じると、「頑張ってしまい」、弟とかなりやりあったという女性がいる。

目の前にある金が人を変えるわけで、「子どもには迷惑をかけたくない」という親の思いは、一瞬にして雲散霧消《うんさんむしょう》してしまうのだ。

さほど財産のない人間は、子どもに財産を残そうと考えること自体が間違っているのだ。少額の財産は、子どもを幸福にするより、むしろ不幸にする。いくら親が終活によって財産の分割の方法や割合を定めても、かえってそれが裏目に出る。

だったら、遺産など残さない方がいい。その方がよほど「子どもには迷惑をかけたくない」という思いが実現されるのだ。

財産が残るのなら、それはどこかに寄付すればいい。生前に寄付してしまえば、子どもはもうそれを取り戻すことができない。

このように、終活が失敗する原因には、親と子のつながりということがある。子どもが弔うことを通して親との絆を強めようと思い、親が相続を通して子どもとの絆を強めようとすること自体が大きな問題をはらんでいる。

親を弔うことが悪いとは言えないが、墓にこだわる必要はない。子どもたちが集まりたければ、墓参りを理由にする必要もない。命日などに集まれば、それでいいわけだ。少なくともそれを理由に、親本人の希望を妨げる必要などない。

親の方も、現在の社会状況において、相続がもたらす弊害の方を考えるべきだ。家1軒くらい残しても、それでは財産を譲り渡したということにはならない。

極端な場合、親の住んでいた家が古く、修理も十分になされていなくて、大規模なリフォームをしなければ、子どもが住めないことだってある。

リフォームの費用を捻出できなければ、それは廃屋である。空き家にさえ多額の固定資産税がかかるようになった現在では、不動産どころか、マイナスの「負動産」である。家の力が衰えた現状では、一般の庶民は財産など残せないと考えるべきなのだ。

終活で揺らぐ老いの決意と、うまく想像できないボケた自分

もう一つ、終活が失敗に終わる要因として考えられるのが老いの問題である。

それは言い方として矛盾していると考えられる方もおられるかもしれない。なにしろ、

人には老いという問題があるからこそ、終活に手をつけるからだ。

ただ、終活をはじめたときに、すでに高齢者になっていたとしても、まだ当人は元気であり、そういう状態だからこそ、自分の老い先を考えようとする。

しかし、その時点では、自分が老いるということが具体的に何を意味するのか、はっきりと理解できていない。老いたときの自分の状態や気持ちが、それより前の時点では具体的に想像できないのだ。

たとえば、終活をはじめた時点では、無駄に命を長引かせる終末期医療など断固拒否するという考え方に立っていたとする。いさぎよく死にたいと思うからだ。

ところが、いざそうした事態が現実味を帯びてくると、往々にしてその決意はぐらつくのである。

その点について、ある婦人から話を聞いたことがある。

その婦人は、夫婦ともども大学の教員だったのではないかと思うが、夫婦で、終末期医療など受けない、延命治療は拒否すると話し合っていたという。

ところが、夫の方が腎臓を悪くして、人工透析を受けることが選択肢として浮上した。

その際に、かなり迷ったようだが、夫は、それまでの考え方を変え、「もう少し生きてみたい」と、透析を受けることにしたというのである。

このように、人間の決意というものは、状況によって揺らぎ、変化していく。そのことが、終活をはじめたときには予想できないわけだ。

また、老いるということにともなって、もう一つ大きな問題が生じてくる。

それは、「ボケ」という事態が起こるということである。

具体的には、認知症ということにもなってくるが、たとえ、はっきりと認知症だと診断されない状態でも、年をとれば、誰もがある程度はボケてくる。

それは、肉体の衰えということが根本的な原因になっているからだが、考えてみると、年をとってまったくボケないというのも、それはそれで辛いことかもしれない。

人は誰もが最後には死を迎えるわけで、それだけはなんとしても避けることができない。いくら寿命が延びたとしても、不死になれるわけではない。

自らの死が近づけば、それに恐怖を感じるだろう。そのとき、人がしだいにボケていくのは、そうした恐怖を忘れさせる、あるいは感じさせないことにもつながっていくのではないだろうか。

自分が今どういった状態にあるのかも分からず、何歳なのかも分からなくなる。それは、生きているようでいて、死んでいるようでもあり、その境ははっきりしていない。

そうした状態のなかで死んでいく方が、死を怖いものとして感じることも少ないであろう。その点では、老いたらボケることも必要なのである。そこにボケの機能があるとも言える。

しかし、ボケていくと、まだ年齢が若かった頃には予想もできなかった事態に直面するようになっていく。

私は、一時、自然葬（散骨）を運動として推進する「NPO法人 葬送の自由をすすめる会」の会長をつとめていた。その際、私は60歳で会長になったのだが、その時点で、会員の90％以上が年上だった。70歳代、80歳代が中心で、90歳代の会員も結構いた。

そうなると、実際に経験してみるまでは、考えてもいなかったような事態に遭遇することとなったのである。

あるとき、数人の高齢者の男性たちが会の事務所を訪れてきた。その前に、その人たちは日本尊厳死協会の方を訪れたようなのだが、そこでは、死後のことについては自分たちの協会では扱っていないと言われたらしい。

そこで、葬送の自由をすすめる会の事務所を突然訪問することになったらしいのだが、その数人のなかに会員がいるのかどうか、それが本人たちにもはっきりしていなかった。

事務職員が調べてみると、そのうちのひとりが会員だということが判明した。だが、本人にはその自覚がなかった。現役の会員である以上、会費はちゃんと納めていたはずにもかかわらずである。

だが、この会では、そうしたことは決して珍しいことではなかった。

すでに会員になっているのに、そのことを忘れ、改めて入会を希望してくる人たちもいた。これは笑い話に思えるかもしれないが、まぎれもない事実だ。

あるいは、会では、自然葬の契約を行っていた。事前に金を納めてもらい、死後にその希望通りに自然葬をするためだ。

ところが、この契約についても、それを交わしているのかどうかが分からなくなっている会員がいくらも出てきた。契約するときには、時期によって違うが、10万円を超える金を納めているにもかかわらず、そのことを忘れてしまうのだ。

さらに、「年をとったので退会したい」と連絡してくる会員も少なくなかった。

入会したときには、まだ年齢も若く、なんとしても、墓などには埋葬されず、自然葬にしてもらいたいという強い意欲をもっていたことだろう。

だが、実際に年齢を重ねると、そうした意欲が薄れていく。そもそも自分の自然葬は自分ではできないわけで、誰かに頼まなければならない。そうなると、頼むことが面倒になるし、頼む相手も年を重ねているので、その時点では頼むのが難しくなっていたりもする。その結果、是が非でも自然葬で葬られたいという意欲がなくなり、それで退会してしまうのだ。

たんなるスローガン、きれいごとにすぎない「子どもには迷惑をかけたくない」

そうした例を見ていて、「子どもには迷惑をかけたくない」とはじめた終活も、実際には、それをやり遂げることがかなり難しいものだということが実感されてくる。

人は、やはり老いてみないと、自分が老いを迎えるということがどういうことなのか分からない。ある程度想像はしていても、その想像する元にあるこころの部分が弱ってしまうと、あらゆることがもうどうでもよくなってくるものなのだ。

しかも、終活のなかでは、介護されることについての準備というものはそれほどなされない。

終活をするときに、「エンディングノート」なるものを書くことが一般化しているが、介護については、誰にどこで介護をしてもらいたいか、あるいは介護にかかる費用をどうやって捻出するかを書き記す程度である。認知症になったときを想定して、「後見人」を指定するなどということをする人もいないわけではないが、それはごく少数である。しかも、この後見人が財産を横領するなど、その不正も問題になっている。

介護ということになると、どうしても子どもに迷惑をかけることになる。それが分かっているだけに、「エンディングノート」には書きにくい。そういうこともあるはずだ。

もっと言えば、介護については子どもに甘えたい。親の側にはそうした思いが依然としてあるに違いない。

そこで問題になるのは、高齢者のキーワードである「子どもには迷惑をかけたくない」ということばである。

それは、子どもの負担を少しでも減らそうとする親の気遣いであるように聞こえる。

ところが、こうしたことばをくり返し発する高齢者は、子ども以外の他人に対して迷惑をかけることを嫌う人たちでもある。それを、自立願望として受けとることもできるが、子どもにも当然、他人の迷惑にならないようにと、彼らが小さいときから言い聞かせてきたはずだ。

それは、第1章で見た、京都（伏見）介護殺人事件の犯人となった男性が、父親から言われ続けてきたことである。それによって男性は、周囲に助けを求めず、介護殺人に追い込まれた。

年をとれば、人に迷惑をかけないでは生きられなくなる。医療も介護もそうだし、葬儀や墓など死後のこともそうだ。

その点で、「子どもには迷惑をかけたくない」ということばは、たんなるスローガンであり、きれいごとにすぎない。

そして、かえって子どもの生き方を縛る。人には迷惑をかけないと教えられたことが、子どもにとってはもっとも重大な迷惑になるわけなのである。

第4章 親は捨てるもの

かつては成人の過程で必ず「親殺し」「親捨て」があった

親を捨てるという行為は非道なものに感じられる。すでにボケて、からだの自由が利かなくなった親を捨てるとすれば、それはたしかにひどい振る舞いだ。

捨てる側も躊躇する。

しかしそれは、年老いた親を捨てる状況に至ってしまうことの方に根本的な問題がある。そうなる前に、親との関係に決着をつけておかなければならない。ずるずると親子関係を引きずるのではなく、子どもは親から自立していなければならないし、親の方も子どもをどこかの時点ではっきりと離さなければならないのだ。

これは、考えてみれば、当たり前のことである。

生物の場合には、それが原初的な形態をとるものであれば、生まれた途端に自立して活動をはじめる。

それが、進化によって複雑な形態をとるようになると、成熟するまでに時間がかかるようになり、一定期間、親の庇護《ひご》を必要とするようになる。鳥類でも子どもを育て上げることに命をかけるが、哺乳類《ほにゆうるい》になればなおさらだ。

人間の場合には、「未成熟な状態で生まれてくる」と言われるように、まったく無力な状態でこの世に生を受け、親による育児を必要とする。そして、人間の社会において文化が生まれ、それが進歩してくると、親による養育の期間はより長くなり、成熟するまでには多くの世話を必要とするようになった。

人間の赤ん坊は、親がいなければ、あるいは親代わりになる人間がいなければ、育つことができない。そこに、家族というものが生まれる根本の理由がある。

それでも、子どもはやがて成長し、大人になっていく。大人になっていくということは、親から自立することを意味する。

現在の日本でも、「成人式」という行事が営まれている。これは、若者が成人したことを祝う行事で、現在では、若者たちがただ晴れ着を着て、自治体が主催する式典に参列する、あるいは騒ぐだけのものになっている。

だが、伝統的な社会においては、成人式において何らかの試練が課されるのが普通で、その試練を克服できた者だけが大人と見なされるようになっていた。今の成人式は、こうした試練をともなわないために、意味不明なものになり、だからこそ若者たちの関心を引きつけられなくなっている。

伝統社会では、成人式において課される試練を克服することに失敗すれば、大人の仲間入りを果たすことができず、敗残者としての生涯を送らなければならなかった。それほど試練が過酷なのは、未成熟な人間が含まれることで共同体の存立が危ういものになるからである。たとえば、一緒に狩りなどに出たとき、パニックに陥ってしまうと、同行した人間の生命もおびやかされる。また、共同体が危機に瀕したとき、大人としての判断力を示せない人間がそこに含まれていれば、大変な事態が訪れるのだ。

私が、こうした伝統社会における成人式の存在を知ったのは、大学で宗教学を学びはじめたときだった。伝統社会とは、オーストラリアのアボリジニやアフリカ・南米の部族社会のことを意味した。それはかつての日本の社会にも言えることで、伝統社会には、子どもを大人にしていくための仕組みが整えられていた。ちょうど大学に入り、大人への仲間入りを前にして、私はそうした現象に興味を引かれ、それが宗教学の研究者になるきっかけにもなった。

重要なことは、こうした成人の過程においては、必ずや親捨て、そして子捨てがともなったことである。

親に甘える環境を与えられず厳格に育てられた昭和天皇

成人式に臨む前の若者のほとんどは親と同居している。したがって、とくに母親などは、子どもが自分のもとを離れていくことを嫌う。場合によってはそれを押し止めようとする。それでも若者は母親を振り切って、大人になるために家を出なければならない。そこに、若者による親捨てがあり、親の方もその事態を受け入れ、子捨てを実践しなければならないわけである。

日本の伝統社会においても、こうした若者を大人にするための仕掛けが用意されていた。それが、「若者組《わかものぐみ》」と呼ばれるものであった。

それぞれの地域の若者たちは、一定の年齢に達すると、家を離れ、その若者組のなかで生活した。若者組を統括する親分が親代わりになり、この時点で、親離れが実現されたのである。

現在も、この若者組の制度が残っているのが、三重県鳥羽《とば》市の答志島《とうしじま》である。そこには「寝屋子《ねやこ》」という制度がある。中学を卒業した男子は、寝屋親のもとで共同生活を送る。この島は漁業によって成り立っている島で、寝屋子は寝屋親から漁業の仕方や祭りのやり方などを習う。そして、寝屋子の誰かが結婚すると、そこで寝屋子の集まりは解散することになるのだ。

今、こうした制度がある地域は少ないが、昔はどの地域にも若者組があり、それが若者を大人にしていく役割を果たしていた。地域の共同体は、その維持のためにしっかりとした大人を必要とするので、そうした仕組みを確立していたのである。

それは、地域だけのことではなく、その維持が重要な課題になっているような家の場合にも共通することで、そうした家では生まれた子どもを大人にしていくための機会が用意されていた。それは、天皇家にも及んでいた。

最近、『昭和天皇実録』(東京書籍)が刊行されるようになり、この本はさまざまな形で話題になっているが、その第1巻を見ると、昭和天皇が極めて幼い段階で親から引き離された様子が記されている。

1901(明治34)年に生まれた昭和天皇は、すぐに御養育掛《ごよういくがかり》となった川村純義伯爵邸《かわむらすみよしはくしやくてい》に預けられた。これこそが、将来の天皇となる親王に早くから自立を促すための養育の方法であった。

幼い昭和天皇が両親である当時の皇太子・皇太子妃に会うことは「御拝顔《ごはいがん》」と呼ばれた。それはただ、親に会うだけの行為であるにもかかわらずである。つまり、親と引き離されることで、親と顔を合わせること自体が公的な性格をもつこととなったのである。それでは、昭和天皇は両親に甘えることなどできない。

生まれたばかりの昭和天皇をどのような形で養育するかについては、周辺で議論があり、親元で育てる案もあったが、結局は、宮廷の外で育てる案に落ち着いた。それは、戦後に確立された現在の天皇家での養育の仕方とは根本的に異なっている。現在の天皇家では、両親が子どもを育てることになる。

それも、近代の日本国家を担う天皇を育て上げるには、親に甘えられる環境を与えず、軍人のもとで厳しくしつける必要があると考えられたからである。それだけ、将来天皇につく可能性のある男子の教育は、厳格なものであることが求められたのである。

子どもが故郷を出て都会にむかうことで親離れ子離れした、かつての日本人

たとえ、こうした意図的な仕掛けが施されなかったとしても、以前の日本の社会においては、自ずと若者が親離れしていく仕組みが整えられていた。

長男は、将来においてその家を背負っていく戸主になるため、親によって厳しく育てられた。他の兄弟姉妹とはさまざまな点で区別され、親に甘えることも許されなかった。親

から離れるわけではないが、精神的には親による子離れを経験し、自ずと親離れをしていかなければならなかった。

次男以下の男子の場合には、家に残れば、前の章で述べたように部屋住みとなり、使用人同様の扱いを受けるので、自ら家を出ていかなければならなかった。生まれながらにして実質的な子捨てが待ちかまえていたわけで、早い段階から親離れをしなければ生きられなかった。女子の場合には、奉公に出たり、結婚することで、やはり家を離れることとなった。

娘たちには縁組みが用意され、それに従うしかなかった。当時の女性は若くして結婚しなければならなかったため、当人たちは婚礼を急ぎたくはないという気持ちをもっていた。その気持ち自体は、現在の若い女性たちと共通する。要は、もっと自由でいて、遊びたいのだ。

たとえば、日本の近代文学のなかで、「本格小説」として高く評価されている島崎藤村《しまざきとうそん》の『夜明け前』には、木曽《きそ》の旧家《きゅうか》の暮らしが詳しく描かれているが、そこには、主人公の青山半蔵《あおやまはんぞう》の娘が、義母が決めた結婚を嫌い、自殺騒ぎを起こす場面が出てくる。

しかし、娘の場合、そのまま家にとどまるという選択肢はなく、どこかの時点で結婚していかなければならない。半蔵の娘も、その後、結婚し、親元から離れていった。

このように、日本でも、かつての伝統社会においては、親離れ・子離れが制度化されていたのである。

それは、戦後の社会になっても形を変えて受け継がれていった面はある。

とくに重要なのが、地方にある故郷を出て、都会へむかう人間が多かったことである。それによって、都会でひとり暮らしをはじめるわけだが、それはまさに親離れの機会になっていた。

故郷を出て都会へむかうのは、就職のためだったり、大学や専門学校などへ進学するためだった。それは、故郷に残ってもうだつが上がらないからで、彼らは立身出世を求めて上京したわけである。

上京したての頃は、都会で成功を収めたら、故郷に錦を飾ろうと考えていたかもしれないし、金を貯めて故郷へ帰ろうと思っていたかもしれない。

しかし、都会での暮らしが長くなれば、そこが自分の生活の場となり、故郷はただ、休みに帰省するだけの場所になっていく。故郷に戻ることとは、都会での生活に失敗したことを意味するわけで、それはなんとしても避けなければならない事態だった。

経済成長が続くなかで、地方にとどまっていることは人生における成功を妨げるものであると意識され、それが結果的に若者たちの自立を促した。「上京」という行為は、その点で大きな意味をもったのである。

都会で生まれた若者が増加するにしたがって上昇した生涯未婚率

ところが、多くの人たちが都会に定着するようになると、事情は根本から変わっていく。都会に生まれた若者には、上京という選択肢はない。となると、家を出ていく機会を逸しやすくなるのである。

大学に入っても、実家で生活し、就職してもそれを続ける。とくに、雇用環境が変わってきたことの影響は大きい。企業で正規雇用されることが難しくなった。非正規雇用では、賃金は低く、しかも不安定である。そうなると、どうしても実家にとどまってしまうことになりやすいのだ。

それが生涯未婚率の増加という事態を生んでいる。生涯にわたって結婚しない人間が増え、親との同居を続けるケースが増加しているのだ。

生涯未婚率は、「50歳未婚率」とも言われるように、50歳になるまで一度も結婚したことがない人間の割合を示したものである。50歳の時点で結婚していない人間の割合ということではない。なかには、50歳までに結婚したものの離婚する人間もいる。再婚をくり返す人間もいる。つまり、生涯未婚率は、50歳までに結婚の経験があるかどうかを示したものである。50歳以上ではじめて結婚する人間は少ないので、それが生涯に一度も結婚をしたことがない人間の割合を示していると考えられるのだ。

１９６０年の時点では、この生涯未婚率は、男性が１・３％で、女性は１・９％だった。相当に低い。男性では、なんと98・７％が結婚した経験をもち、女性でも98・１％が一度は結婚を経験していた。

今の状況と比較して考えるとすれば、誰でも結婚していた状態に近い。数字で示されると、本当にそうだったのかと強い驚きさえ感じるほどだ。

その10年後、１９７０年の時点でも、生涯未婚率は男性で１・７％、女性で３・３％だった。男性の方が未婚率が低いのは、男性には世帯主として家を支える責任があるという感覚が、まだこの時代には生きていたからだろう。

それが、１９８０年になると、男性が２・６％で、女性が４・４％と、10年前に比べて少し増えていた。

それでも、1990年には、男性の方は5・6%と増えたものの、女性の方は4・3%となり、その10年前と比べて未婚率が下がっている。

それはちょうど、バブル経済が崩壊しようとしていた時期ではあるが、依然として実質バブルの状態にあり、給与も上がっていた。経済状態がよかったことが女性に結婚を促したのであろう。

ただ、この時点で、男性の未婚率が女性を上回ったことが注目される。これは、その後の傾向を先取りするものだった。

2000年では、男性が12・6%で、女性が5・8%となる。男性のその割合は10年前と比べると、倍以上に増えている。

賃金の伸びに終焉をもたらしたのが1997年の金融危機で、自殺者の数が増えるのもこれ以降のことである。男性が稼げなくなったことで、結婚が難しい状況が生まれたものと思われる。

2010年になると、男性の未婚率は20・1%にも達している。男性が結婚しなくなれば、女性にも影響するわけで、この時点での女性の未婚率は10・6%だった。

まだ、この数字なら、男性の8割が、女性になると9割が結婚を経験しているということとになるが、ここでは生涯未婚率が50歳での未婚率をもとにしていることを忘れてはならない。2010年の時点で50歳を過ぎているのは、1960年以前生まれの人たちである。それ以降に生まれた世代が、8割から9割結婚するというわけではない。

実際、2010年の時点で、30〜34歳での未婚率は、男性が47・3%で、女性が34・5%にもなっている。結婚経験のある男性は半数をわずかに超えているだけで、女性でも約3分の2である。

しかも、30歳以降で初婚の女性はわずか6%で、35歳以上になると1%にも達しないという結果が出ている。

男性だと、30歳代前半では、未婚男性の4人に1人が結婚しているが、30歳代後半になると、3%しか結婚できないとも言われている。

無職のまま親と同居し親の年金をあてにする介護殺人予備軍

この数字からすれば、将来において未婚率がさらに上がることは間違いない。あるいは、生涯結婚しない人間の方が多くなる時代が来るかもしれない。ほとんどの人が結婚していた1960年の時点では、まったく予想できなかった事態である。

私と世代が変わらない夫婦に会い、話が子どものことに及ぶと、急に相手の夫婦の顔が曇ることが結構ある。子どもがなかなか結婚してくれず、しかもその見込みもないということで、どうしても暗い顔になってしまうらしいのだ。

子どもが結婚しなければどうなるのか。子どもは親と同居を続け、家を出ていかないということが起こる。

なかには、一旦は家を出た子どもが仕事を辞めて、親のもとに逆戻りするケースもある。職を探しても、なかなか思い通りの職にはつけない。そもそも、理由はどうであろうと、自分の都合で退職すると、それは次の就職には不利に働く。

そうなれば、職のないまま、親と同居することになる。親が働いているうちはまだいいが、高齢者になり、働いていなければ、子どもが親の年金をあてにするという事態も生まれる。そういう状況が続けば、それで行き詰まることになる。これが、将来における介護殺人予備軍になる。

実際、最近では、親との同居を続ける割合が増えている。20歳の成人を過ぎ、さらには大学を卒業し、30歳を超えても、親と同居している子どもが少なくないのだ。

男性の場合、30歳から34歳で親と同居しているのは47・9％と半数近くにのぼる。これが35歳から39歳になっても、41・6%と4割以上が同居している。

女性の場合だと、30歳から34歳が36・5%で、35歳から39歳が24・3%である。男性に比べればその割合は低いが、30代後半の女性の4分の1は、親と同居しているのである(厚生労働省「世帯動態調査」2010年)。

これを、日本とは対極にある北欧の場合と比べてみると、いかに日本において成人の親との同居率が高いかが分かる。

スウェーデンでは、25歳から34歳で親と同居している人間は、わずか4・1%にすぎない。ヨーロッパでもっとも低いのがデンマークだが、わずか1・9%である。

フランスで11・6%、オランダで9・7%、ドイツで14・7%、イギリスで15・1%と、北欧ほどではないが、西ヨーロッパにおいては、親と同居している25歳から34歳はかなり少ないのだ。

ただここで注目されるのがイタリアの場合で、44・7%と半数近くにのぼる。日本以上に同居率が高い。

また、東ヨーロッパの諸国では、どこでもイタリア並みで、ブルガリアの場合になると、55・7%にものぼっている。

年齢の分け方が違うので、単純に比較はできないが、あるいはこうした国々は日本以上に親離れが進んでいない社会なのかもしれない。

イタリアや東ヨーロッパの国々の場合には、どこも失業率が高く、10％を超えるような国もある。2015年のイタリアの失業率は12・4％にものぼった。職がなければ自立することも難しく、親と同居せざるを得ないわけだ。

だが、日本では、非正規雇用が増えているとはいっても、失業率は3％台で、ヨーロッパ諸国と比較するなら、圧倒的に低い。

たしかに、どの国においても、先進国では、結婚しない若者が増え、それにつれて年齢が上がっても親と同居する割合が増えているわけだが、そこには国による差がある。ということは、それぞれの社会における家族のあり方、家族を取り巻く文化というものが影響している可能性が考えられる。

欧米の社会では、これはイタリアを除く西ヨーロッパやアメリカということになるが、基本的に成人した段階で、親からは離れて自立し、たとえ親が高齢になっても同居しないということが原則になっている。子どももそれを望まないし、親の方もそんなことは望んでいないのだ。

もちろんそれで親子の関係が切れるわけではなく、かえって子どもが親に頻繁に電話をかけたり、記念日には訪問するなど関係を保つための努力はするが、同居には至らない。したがって、子どもが同居して高齢者の親を介護するということにはならない。親が自立した生活ができない状態になったとしたら、施設に入居するしかないのである。

海外においても介護殺人が存在しないわけではない。それについては、前掲の湯原悦子准教授が報告している（「高齢者が被害者となる介護殺人事件の実態――海外における事件の動向と防止に向けた示唆」日本社会福祉学会、２０１３年）。子どもの親からの自立を促す社会においても介護殺人が起こっているわけだから、自立の仕組みが失われつつある日本の社会で、そうした事件が多発するのも必然的なことである。

日本の社会において、親離れが進まなくなっている背景には、「甘えの文化」の存在がある。

東大紛争でキャラメルを配った母親たちの姿に「甘えの構造」を見た土居健郎

日本に甘えの文化が存在することを指摘したのが、精神医学者の土《ど》居《い》健郎《たけお》の著書、『甘えの構造』（弘文堂）である。

この本は、1971年に刊行されたもので、ベストセラーになり、「甘え」ということばは流行語にもなった。

土居は、この本のなかで、日本語の甘えに相当する外国語が存在しないことを指摘し、甘えということばのなかに日本人の精神性の特徴を見出そうとした。

実は、この本が1971年に刊行されたことには意味があった。というのも、この本では、60年代の後半に盛り上がった大学紛争にくり返し言及しているからである。

土居は、全共闘の学生たちが暴力をふるうなど、加害者として振る舞っているにもかかわらず、その被害者に逆に加害者意識を呼び覚ますという不思議な現象が起こっていることを指摘している。それは、全共闘の学生たちが自分たちを、被抑圧民族や困窮者、精神病者などの被害者の立場においているからだというのである。

この被害者意識が甘えに通じるものであり、青年たちの造反が世界に広がっているということは、甘えの心理も日本人の特徴にとどまらず、他の国々にも広がりつつある可能性があるというのである。

果たして甘えが世界性を獲得したかどうかは議論の分かれるところだろうが、土居は、日本の全共闘運動における甘えの特徴的なあらわれとして、母と子のなれ合いということを指摘している。

その象徴となるのが、東大本郷の安田講堂の攻防戦が行われる寸前、1968年11月22日に開かれた東大駒場《こまば》キャンパスでの「駒場祭」のポスターである。それは、やくざ風の男が入れ墨をした背中をむけている絵が描かれ、「とめてくれるなおっかさん　背中のいちょうが泣いている　男東大どこへ行く」と記されたものだった。銀杏は東大のシンボルである。

このポスターを描いたのは現在、作家として活躍している橋本治《はしもとおさむ》氏である。土居は、『甘えの構造』のなかで、このポスターにふれ、「学生たちは、母親だけは自分たちの気持ちを察してくれるであろうと考えたのであろう」と述べていた。

実は、この駒場祭が開かれている最中、橋本作のポスターの横には、紛争を憂える東大生の母親たちが作った立て看板が据えられていた。この母親たちは、紛争が早期に解決することを訴えてキャラメルを配ったことで、「キャラメル・ママ」と呼ばれた。甘えと甘いキャラメルとを結びつけたくもなってくるが、紛争が一段落すると、学生たちは何ごともなかったように卒業し、彼らが批判した企業に就職していったのだから、甘えは社会的に許容されたことになる。

ここには、切っても切れない母子密着の関係が示されているわけだが、こうした関係性は、西欧の社会ではとても考えられないことだろう。

もっとも、イタリアでは、男性たちが、自分の母親のパスタは最高だと言って、母親に甘えていることからすれば、イタリアにも甘えの構造は存在するのかもしれない。事実、すでに見たように、イタリアでは、若者が親と同居し続ける割合が高いわけだ。さらには、東ヨーロッパにも同じように甘えの文化があるのかもしれない。

甘えの構造が強い社会においては、子どもは親に甘えて、なかなか自立しようとはしない。一方で、親の方も、子どもを甘やかし、その自立を促そうとはしない。それによって、子どもの人生において不可欠なはずの親離れが難しくなっていく。

なぜこうした甘えの文化が日本において確立されたのであろうか。

子どもは自分のベッドでひとりで寝かせるべしと説くアメリカの育児書

そのことに関連して思い出すのが、大学1年生のときに、いささか変わったゼミに出席したことである。もう今から40年以上前のことになるが、それは印象に強く残ったゼミの一つだった。

担当は政治学、行政学の助教授で、そのゼミでは、アメリカと日本の代表的な育児書を読むことを目的としていた。日本の育児書として取り上げられたのは松田道雄の『育児の百科』(岩波書店)で、アメリカの代表は『スポック博士の育児書』だった。

後者についてはすでに翻訳が出ていたものの、ゼミでは英文のペーパーバックでそれを読んだ。育児書なので、英語の文章はかなり易しかった。

なぜ政治学者が育児書を取り上げたのかと言えば、それぞれの国でどうやって子どもを育てるかを見ることによって、「社会化」の比較を行うことにあった。社会化とは、その社会に生きるにふさわしい人間に子どもを育て上げることを意味する。たしかに、異なる国の育児書を読めば、社会化の比較はできるはずである。

日米両国の育児書の著者は、どちらも小児科医である。それだけ、子どもを育てる上で、病気ということが重要な問題になってくるわけだが、私が一番興味を引かれたのは、子どもをどのように寝かせるかということであった。

『育児の百科』の方では、このことについてとくに一定の方針が示されていたわけではなかった。

ところが、『スポック博士の育児書』でははっきりしていた。子どもには早い段階から子ども部屋を与え、自分のベッドでひとりで寝かせるべきだというのである。たとえ、子どもがそれで寂しがったとしても、決して夫婦の寝室に入れてはならない。それが、『スポック博士の育児書』で示された強い主張だった。

日本だったら、家が小さいということもあるが、子どもが幼い頃には、夫婦のあいだに子どもが寝る「川の字」が一般的である。今では、どこかの段階で子ども部屋を与えることになるかもしれないが、ごく早い段階からひとりで寝かせることはない。

アメリカの場合、一つには夫婦のプライバシーということを何より重視する考え方が働いているが、子どもを甘やかしたりしてはならないという方針がはっきりと確立されているのである。

そこで思い起こされるのが、ディズニーのアニメ映画『ピーター・パン』である。ピーター・パンは妖精だが、たったひとりで寝ている主人公のウエンディーのところにあらわれる。その際に、この少女は夢見がちで小説家志望という設定になっている。

この映画を見ていると、子ども部屋にひとりで寝るということが、彼女の想像力をかき立てる決定的な要因になっていて、それで存在しないはずの妖精が彼女の前にあらわれたかのように思えてくる。要は、ウエンディーはひとりで寝るという孤独な環境に寂しさを感じているのだが、親はそれを強制し、彼女の寂しさを紛らわしてはくれないのだ。他のアメリカ映画でも、子どもはたしかに夫婦の寝室とは別の子ども部屋で寝ている。寝かされていると言ってもいい。

川の字の文化に生きている日本人からすれば、ごく早い段階から子どもをひとりで寝かせるのは躊躇する。当然、子どもは一緒に寝たいと親にせがんでくる。あるいは、子ども部屋を与えても、夫が出張というときには、子どもも心得ていて、母親の寝床に潜り込んできたりする。それを拒む母親は珍しい。

しかし、『スポック博士の育児書』では、たとえそうしたときでも、断固として子どもはひとりで自分の部屋で寝かせるべきだと主張する。そうしないと、自立心が養われないというのだ。

パラサイト・シングルが続けば続くほど結婚のチャンスは減る

やはりこれも映画でよく出てくることだが、アメリカでは〝grown-up〟ということばが頻繁に使われる。大人として十分に成長している、成熟しているという意味だ。いい年の若者が、少しでも子どもっぽい態度をとったりすると、〝grown-up〟ではないと非難されたりする。それが、アメリカ社会の規範であり、そうならないために、早くから子どもを自立させろと、『スポック博士の育児書』は口を酸っぱくして説いているわけである。

こうした子育ての方法は、アメリカだけではなく、ヨーロッパにも共通する。フランスなどでは、子どもに対しては、とくに公共の場では、大人と同じように振る舞うことを要求する。スーパーマーケットなどで、子どもが騒いだりすると、親は相当な顰蹙《ひんしゅく》を買うらしい。

幼い子どもが個室で寝かされる文化と、川の字で寝る文化とでは親子の関係が違う。日本では、親のプライバシーを最優先する文化はない。欧米の社会では、子どもをベビーシッターに預けて、親は外出するなどということが珍しくないが、日本でそんなことをする親はほとんどいないのだ。

川の字に寝るということは、一つの象徴的な行為であって、それだけが親離れ、子離れを妨げているわけではない。甘えの文化が確立された日本の社会では、さまざまな事柄がそれに結びついている。親は、子どもが自立できるように育てていかなければならないはずなのだが、決してそれには熱心ではない。逆に、子どもの自立を妨げるような育て方をしているのである。

大学などの高等教育を終えても、親と同居している若者は「パラサイト・シングル」と呼ばれる。パラサイトには寄生虫の意味があり、親に寄生する独身者という意味で、社会学者の山田《やまだ》昌弘《まさひろ》氏による造語である。

パラサイト・シングルの時代が長く続けば、若者が結婚するチャンスは年齢が上がるとともに、ほとんどなくなっていく。40歳までパラサイト・シングルを続ければ、それ以降に結婚することはほとんど考えられない。

もちろん、パラサイト・シングルを続けてきた人間が、結婚はしなくても、家を出るというケースはいくらでもある。だが、そのままパラサイト・シングルを続ければ、親を自宅で介護する役割を背負わなければならなくなる。その点では、パラサイト・シングルは、かなり将来のことではあるものの、介護殺人の予備軍である。

たしかに、実家というものは、子どもにとって居心地のよいものだろう。親の側も、子どもが同居してくれることは心強いと感じるだろうし、一緒に行動してそれを楽しむこともできる。だからこそ、同居を許容し、子どもを積極的には放そうとしなくなるのだ。

その点では、そうした状況での親の介護は、親に長年甘やかしてもらったことの代償だということになる。

しかし、親にとっては、それは好ましいことで、介護されながら幸福に人生を終えることもできる。

だが、子どもは、同居させてもらった親に先立たれ、最後はひとりになる。そうした人生を送ってくれれば、自分の子どもはいない。それでは、親と同じような老後を送ることはできない。ある意味、親は子どもを甘やかすことで、自分のために利用したとも言える。

子どもの方も、最後はひとりになることが分かっていても、現状が心地よいために、その状況から脱しようとはしない。

それも一つの人生かもしれない。

だが、甘えの社会である日本は、そうした罠を用意しているとも言える。その罠にはまったときには、介護の長い日々が続くかもしれないし、極端な場合には、親を自分の手にかけなければならなくなるのだ。

精神的な親殺しは必要

親離れは、親との絆を断ち切るという意味で、精神的な意味での「親殺し」である。大人になるということは、親殺しという試練を克服するということでもある。

偉大な親、あるいは社会的に大きな功績をあげた親のもとに生まれれば、その存在は相当な重荷であり、それを乗り越えていくには、何らかの形での親殺しは不可欠であるとされる。

介護殺人は、実際に親を殺すことであったとしても、それはここで言う親殺しにはあたらない。それによって、子どもが成長していくことにはならないからだ。

実際に親殺しをしないためにも、精神的な親殺しをしておく必要がある。それは、親からの自立である。社会は大きく変わったにしても、精神的な親殺しの必要性は変わらない。

私の場合には、17歳のときに、そうした事態に直面した。

私の父は、小さな工務店に勤務し、経理の責任者をやっていた。その会社は、高度経済成長の時代には大きく儲けたのだろう、我が家の暮らしも相当に豊かだった。杉並にかなり大きな一軒家を建てたし、私の誕生日には高価なプレゼントをもらうことができた。当時、庶民の憧れだった家電製品は、いち早く我が家に揃っていた。

ところが、高度経済成長がやがて終焉を迎えようとしていた時代に、父の会社は倒産した。父は、経営者ではないにもかかわらず、家を売って、会社の借金の返済にあてなければならなくなった。

家を失った我が家は、最初、国分寺《こくぶんじ》の小さな借家に移り、父だけがつてを頼って大阪で働くようになる。そして、私が高校の3年に進学するときには、一家で大阪に越した。公立の進学校に通っていたこともあり、私だけが東京に残され、賄い付きの下宿で生活するようになる。下宿は、風呂なし・トイレなしの4畳だった。4畳半ではなく4畳で、しかも半畳分の押し入れが天井から吊り下がっていたので、実質は3畳半の部屋だった。

仕送りも、少額ではあったものの送られてきたので、子捨てとは言えないかもしれないが、私が親離れを強いられたことは間違いない。それ以降、私は親とは暮らしたことがない。26歳のときに結婚するが、その時点ではすでにひとり暮らしを9年間もしていた。

今振り返ってみると、これは私にとって貴重な体験となった。自ずと親離れができ、意図的に親捨てをする必要がなくなったからである。

49歳から50歳にかけて、大病をしたときには、独り身になっていたこともあり、退院後は1カ月ほど、東京に戻ってきていた実家で生活した。

その頃は、仕事がほとんどない時代で、あるいはそのまま実家で生活するということも、生活の窮状を考えれば、あり得た選択肢である。

しかし、一度親元を離れた以上、親のもとに舞い戻ることはできなかったし、それをしてはならないとも強く感じた。それによって、50代にしてパラサイト・シングルになるという危険な道を回避できたのである。

やはり、私たちはどこかの時点で親離れをしなければならない。たとえそれが、いかに困難なことであろうと、大人になって親に甘えれば、それはもう終わりなのである。

第5章 とっとと死ぬしかない

食べないことで覚悟の死を実践し、とっとと死んだ私の祖母

親は子どもに捨てられるのだとすれば、親の方はどうしたらいいのか。

それはもう、「とっとと死ぬ」ことである。

終活については第3章でふれたが、究極の終活は、「とっとと死ぬ」ことに尽きる。死んでしまえば、「子どもには迷惑をかけたくない」という高齢者の思いも満たされるし、事実、子どもも助かる。

ただ一方で、家族が、高齢者に死んでもらっては困るという事情を抱えていることもあり、意外にこの「とっとと死ぬ」ことは難しかったりする。

昔の人間は、この「とっとと死ぬ」ための方法を知っていたように思う。私は、祖母の死を通して、そのことを知らされた。

祖母とは長く一緒に暮らしたが、いったいどういう人生を歩んだのかそれほど詳しいことは知らない。自分のことをあまり語る人ではなかったからだ。私が大学生のときに亡くなっており、明治の生まれである。

生まれた場所は、四国愛媛の今治《いまばり》に近い菊間《きくま》というところである。数年前に私は菊間を

訪れたことがあるが、祖母は故郷を出てから、ほとんどそこと交流をもたなかったのか、生前に連れていってもらったことはなかったし、その思い出を聞いたこともなかった。だから、菊間で祖母の縁者に会ったというわけではない。

その連れ合いである祖父の方は、東京帝国大学の英文学科を卒業していて、夏目《なつめ》漱石《そうせき》や芥川《あくたがわ》龍之介《りゅうのすけ》の後輩にあたる。だが、私が物心ついたときには、第2章でふれたように、すでに認知症になっていた。その祖父は、私が小学校1年生のとき、72歳で亡くなっている。

したがって、私には祖父からの影響はないが、祖母からは影響を受けている。祖母は演劇が好きで、歌舞伎の七代目《しちだいめ》中村芝翫《なかむらしかん》のファンだった。私が子どもの頃に歌舞伎を見ていなかったにもかかわらず、意外と戦後の名優について知っているのも、祖母がテレビに出るそうした名優を見ていて、それを私も見ていたからだろう。

それ以上に大きいのが、仏教や寺に対する考えで、そこに祖母の影響がある。

私は、25年ほど前に、法藏館《ほうぞうかん》という京都の老舗出版社から、『戒名 なぜ日本人は死後に名前を変えるのか』(現在は改題して、『なぜ日本人は戒名をつけるのか』ちくま文庫)という本を出した。母がその本を読んで、私が本のなかで主張していることは、祖母が生前に言っていたことと同じだと語っていたことがある。

祖母は戦争中、祖父の故郷である栃木県の佐野《さの》に疎開していたが、そこの菩提寺の住職があこぎで、ことあるごとに檀家に布施《ふせ》として金品を要求したらしい。

それで寺不信になった祖母は、祖父が亡くなったとき、近くの寺に墓を新たに買い求めたにもかかわらず、祖父を埋葬するときには戒名は要らないと言い出した。

幸い、寺の住職が理解のある人で、自分はまだ十分な修行を積んでいないので、戒名など授けられないと言ってくれ、祖父は俗名で葬られた。それ以降、それが島田家の伝統になっている。

祖父母夫妻は、祖母の方が年上で、89歳まで生きることになるが、私が大学2年生だった年の敬老の日の夜中にトイレで倒れた。

当時、私の両親は大阪の池田《いけだ》市に住んでいて、祖母も同居しており、池田市の市民病院に入院したが、脳卒中だったので、寝たきりになった。

東大には、秋休みというものがあり、祖母が入院したときにはそれにあたっていたため、私は、大阪の実家に帰省し、看病を手伝った。

倒れてからの祖母は、生きる意欲をすっかり失っていて、「死にたい」ともらしていた。

不自由な事態になったことに、本人は相当に悔しい思いを抱いていた。

倒れるまで、祖母は実に元気だった。私には祖母が病気をしたという記憶がないし、病院にかかっていたということもなかったように思う。

その分、倒れてからだが動かなくなってしまったことが無念で仕方がなかったのだろう。本人としては、そんな状態で生き続けても意味がない。そう考え、食事も頑張っては摂ろうとしなかった。

それは、祖母が亡くなる日か、その前の日あたりではなかったかと思う。私が病院に行って、祖母に食事を与えていたのだが、途中でむせて食べられなくなってしまった。あるいは祖母は、食べないで早く死ぬことを考えていたのかもしれないと、後で思った。祖母は、倒れてから1カ月もたたない10月11日に亡くなっている。

家族の側にとって、看護するということはかなりの負担だった。そのときは父も母も仕事をしており、私の妹たちはまだ高校生と中学生だった。看護の生活が1カ月も続くと、家族の側にも疲れが出てきた。随分と昔のことなので、はっきりと記憶しているわけではないが、そういう状態になりつつあったことを覚えている。

その点で、祖母が「とっとと死ぬ」ことを実践してくれたことで、家族は随分と助けられた。祖母の死は、自殺とまでは言えないかもしれないが、覚悟の死であったことは間違いない。

祖母は死に方を知っていた。それが明治の時代に生まれた女の逝き方だったのかもしれない。

無駄な延命治療も行わず楽に死ねるスウェーデン式緩和治療

これは、今から40年以上も前のことである。もしこれが現在に起こったことであるなら、祖母に対して延命治療が施されていたに違いない。病院に入院すれば、自然とそうなる。そうなれば、祖母はもっと長く生き、90歳を迎えていたかもしれない。

だが、それでは、祖母は無念な思いをしながら、からだも動かすことができず、ただ生かされている状態におかれたことだろう。それは、間違いなく本人が望む状態ではなかったはずだ。

病院は、人を生かすところであって、人を死なせるところではない。病院に勤務している医師は、なんとか病人の病を癒し、生かそうとする。医学の教育のなかでも、まだ人の死なせ方を教えるようにはなっていない。

だからこそ、延命治療が施されることになるのだが、それはあくまで治療の一環であって、本来は延命が目的ではない。なんとか病を治そうとして施されるさまざまな措置が、結果的に延命治療と見なされるのだ。

しかし、たんにそれだけが、現在において、「とっとと死ぬ」ことを難しくしている要因ではないだろう。

最近刊行された、宮本顕二《みやもとけんじ》・宮本礼子《れいこ》著の『欧米に寝たきり老人はいない 自分で決める人生最後の医療』（中央公論新社）という本では、そうした事情がつづられている。

この本の著者は夫婦で、ともに内科医である。夫の顕二氏は北海道中央労災病院長である。妻の礼子氏は桜台明日佳病院認知症総合支援センター長で、「高齢者の終末期医療を考える会」を札幌で結成して活動している。

二人が日本の終末期医療に対して疑問を感じるようになったのは、2007年にスウェーデンの視察を行ったことがきっかけになっていた。

日本では、自分では食事が摂れなくなった高齢者に対して点滴や経管栄養で水分と栄養の補給が行われる。経管栄養とは、鼻チューブや胃瘻《いろう》のことである。

ところが、スウェーデンでは、点滴も経管栄養も行われず、患者の食べたり飲んだりする能力に任されている。そうなると、患者は栄養が低下しても、脱水になっても苦しむことなく、楽に死ねる。スウェーデンでは、無駄な延命治療は行わず、苦痛をやわらげる緩和治療に徹しているというわけだ。

日本では、高齢になって飲み込む力が衰えると、口のなかの細菌や食べ物が肺に入る「誤嚥性肺炎《ごえんせいはいえん》」をくり返しながら亡くなることが多い。これが患者を苦しめることになるので、日本ではいかにそれを防ぐかが重要な課題になっている。

ところが、スウェーデンでは、そうした状態まで悪化する前に亡くなっているので、誤嚥性肺炎で苦しむことはない。

二人は、無駄な延命治療がかえって患者を苦しめており、穏やかな死を迎えることができるようにするためにも、そうした医療の体制を全面的に改める必要があると訴えている。

かつて患者にとっとと死なれては経営が困難だった病院が今では……

こうしたことは、日本でも随分前から指摘されていた。スウェーデンとの比較ということでは、今から四半世紀も前になる1990年に、大熊由紀子の『「寝たきり老人」のいる国いない国　真の豊かさへの挑戦』（ぶどう社）という本のなかでそうしたことが行われていた。

大熊氏の本にも、今回の宮本夫妻の本にも多くの共感の声が寄せられている。しかし、医療現場が、点滴や経管栄養によって延命させることを中止する方向にむかっているわけではない。

胃瘻については最近それを批判する声が高まっており、それを造設しない方向にむかいつつあるが、代わりに鼻チューブや中心静脈栄養が増えている。中心静脈栄養とは、よりカロリーの高いものを点滴するために皮下の静脈に刺すというやり方で、当然通常の点滴よりも痛いし、炎症が起こりやすくなる。

なぜこうしたことが改善されないのか。

宮本礼子氏は、そこに病院の経営問題があることを指摘している。読売新聞主催の第7回「読売医療サロン」（2015年11月28日）でのインタビューで、礼子氏は、「今や、療養病床の半分以上、多分7、8割は、経管栄養や中心静脈栄養で延命されている人たちです。そのため、点滴や経管栄養を行わなかったり、中止したりすると、患者さんは2週間ほどで亡くなるので、病床が空き、病院経営が苦しくなります」と述べている。

そこには、さらに、「中心静脈栄養や24時間の持続点滴を行ったり、人工呼吸器をつけたりすると診療報酬が高く」なるということが関係している。病院経営の観点から、患者は無理に生かされているというわけである。

こうした点では、終末期医療には根深い問題が横たわっているということになる。

ただ、これについては、国が年々高くなる医療費を抑えるために、長期入院した場合は、「入院基本料」の点数を抑える政策をとるようになったので、事情は変わりつつある。入院してから最初の2週間は高い診療報酬がつくが、15日目からは段階的に引き下げられ、30日を超えると加算がなくなるのだ。これで、長期の入院患者を病院が抱えるようになると、かえって病院経営に影響することになる。

しかし、こうした政策によって、「とっとと死ぬ」ことができるようになるわけではない。

そこには、家族が関係している。本人は死のうとしているのに、家族が死なせてくれないのだ。

年金をあてにする介護する側の都合で生き続けさせられる高齢者

そのことを実感させてくれたテレビのドキュメンタリーがある。

それは、2013年11月23日に放送されたNHKスペシャル、「〝認知症800万人〟時代　母と息子　3000日の介護記録」という番組である。

これは、放送の時点ですでに77歳になっていた元NHKのディレクターが自らの母親の介護体験を映像に収めたものである。母親は認知症にかかっていた。

その元ディレクターは、母親の希望もあり、自宅で死なせるということを目標にしていた。そのため、自宅で介護を続けていたわけである。

その母親が99歳になったとき、急に食事を摂らなくなった。元ディレクターが口にスプーンをもっていって食べさせようとするのだが、母親は食欲を示さず、口を開こうともしない。

私はその映像を見て、祖母のことを思い出した。その母親は死のうとしていたのだ。そのまま食事を摂らなければ、自宅で死ぬという目標も達成されたことだろう。

ところが、元ディレクターは、食事を摂らなければ死んでしまうと慌て、救急車を呼ぶ。それによって母親は病院に入院することになる。

そうなると、もう退院はかなわない。病院の医師からは、また同じような事態が起こる可能性があるので、家に患者を戻すわけにはいかないと宣告されてしまったのだ。

それによって、母親は自宅で亡くなるという希望を果たせず、病院で亡くなることになった。

元ディレクターは、それに対して悔しい思いを語り、一緒にその番組に出演していた医師たちも、同情のコメントを寄せたりするのだが、私には、自宅で死ぬという本人の希望を妨げたのは、どう考えてもその元ディレクターであるようにしか思えなかった。

人には死ぬときというものがある。まして、その母親は99歳である。あるいは、元ディレクターとしてはなんとか100歳まで生きてほしいと思ったのかもしれない。それによって、長期にわたる介護が報われたと思いたかったのかもしれない。

だが、家族こそが、「とっとと死ぬ」ことを阻んでいる元凶《げんきょう》であったりするのだ。

これは、元ディレクターの場合にはまったくなかったことだろうが、介護する側に収入がなかったり、ごく低額の収入しかなく、介護される高齢者の年金に頼っていたら、ますます死なせてはくれなくなる。本人のためではなく、介護する側の都合で、死につつある高齢者が生き続けることを強いられるのだ。

年金制度に加入しているならば、65歳になると年金を支給される（厚生年金については、60歳から一部支給される）。年金の支給額は、国民年金と厚生年金、さらには加入していた期間などによって変わってくるが、平均の支給額は２０１３年度で、国民年金が５万４５４４円で、厚生年金が14万５５９６円である。

これを１年分とすると、国民年金で65万４５２８円、厚生年金で１７４万７１５２円となる。決して多い額ではないが、年金は本人が生きている限り支給されるのだ。

介護保険というものもあるが、果たしてそういう制度がこれからも十分に機能するとは限らない。財政赤字は拡大し、国は膨大な借金を抱えている。それを赤字国債で凌いでいるわけだが、経済学者の水野《みずの》和夫《かずお》氏が言うには、貯蓄の伸びが止まれば、それ以上借金ができなくなり、赤字国債も発行できなくなる。水野氏は、貯蓄の伸びが止まるのは２０１６年だとも言う（水野氏に直接うかがった）。あるいは、だからこそ日銀が国債の買い入れを続けているのかもしれない。

『七十歳死亡法案、可決』『銀齢の果て』が刊行されても顰蹙を買わない現代

こうした事態を踏まえて、金のかかる高齢者を一掃することをテーマとした、『七十歳死亡法案、可決』や『銀齢《ぎんれい》の果て』といった小説も刊行されるようになってきた。

前者の『七十歳死亡法案、可決』は、垣谷《かきや》美雨《みう》が執筆したもので、今は幻冬舎文庫に入

っている。

政府がいきなり、「七十歳死亡法案」というものを提出し、それが強行採決で可決される。数年するとそれが施行されるという状況のなかで展開される物語である。

もちろん、政府がそのような乱暴な法案を作ったのは、それによって一気に医療費や社会保障費の削減をはかるためである。

そうなると、現在、親などの介護をしている人間は、この大変な状況は後何年で終わると、カウントダウンに入るようになる。

ただし、介護から解放されると喜んでいる人間の方も、すでに60歳代に入っていたりする。介護から解放されても、今度は自分がすぐに70歳になって、死ななければならないという事態に直面する。

そのとき人はどう行動するのだろうか。小説で描かれるのは、いかに人生の最後をまっとうするのかという難しい課題である。

後者の『銀齢の果て』の方は、作者がかの筒井康隆だけに、ブラックな作品に仕上がっている。

こちらも70歳が区切りになっていて、政府は、高齢者の人口を調節するために、70歳以上に殺し合いをさせる「老人相互処刑制度（シルバー・バトル）」なるものをはじめるのだ。

地域が単位になっていて、その地域で最後に残った者だけが、それ以降生きることができる。たとえ夫婦であっても、老人会の仲よし同士であっても、生き残れるのはたったひとりだけだ。だから、仲のよい人間同士が殺し合いをしなければならない。定められた日になって、2人以上生き残っていれば、皆処刑されてしまうのだ。

まさにお馴染みの「筒井康隆ワールド」で、なんとも壮絶な老人同士の殺し合いがはじまることになるが、こちらは新潮文庫に収められている。

もちろん、そんな法律や制度ができるはずもない。だが、70歳以上の高齢者が一挙にいなくなれば、あるいは激減すれば、今日の日本社会が直面している深刻な問題は雲散霧消する。そうなれば、社会は活力を取り戻し、個人のレベルでも、介護に人生を奪い取られるということもなくなる。もちろん、国家が殺してくれるので、介護殺人などはほとんどなくなる。

読者は、小説の設定が荒唐無稽で、現実味が薄いので、そんなことなどあるはずはないと思いつつも、たしかに、高齢者が一挙にいなくなれば、今の社会はずいぶんとすっきりして、風通しがよくなるのではないかとどうしても考えてしまう。

とくに高齢者を介護しているという人なら、思わず、七十歳死亡法案が本当に提出されないかと願ってしまうに違いない。

本当にひどい話だが、ただ、こうした小説が刊行されても、顰蹙を買わない時代になっていることはたしかである。著者たちが「人非人」と糾弾されたという話は聞かない。今流行《はや》りの「炎上」が起こったということも聞いてはいない。

これがさらに時代が進み、高齢者の割合がもっと大きくなっていけば、さらに過激な小説が生まれ、今度は社会的に物議を醸すことになるかもしれない。

人がなかなか死なない社会というものは、意外なほど厄介である。その厄介さは、これからさらに増していくはずなのだ。

1969年、老人の孤独の解決策として自殺を勧めた太田典礼

「とっとと死ぬ」ということでは、安楽死、あるいは尊厳死についてふれないわけにはいかない。

安楽死や尊厳死については、それが人間の死という重大な出来事にかかわるだけに、厳

密な定義を求められることが多いが、不治の病にかかった場合に、肉体的な死が訪れる前に意図的に死を早めることが安楽死であり、尊厳死であるということになる。

第2章でもふれたが、日本では、日本尊厳死協会が尊厳死の法制化を求めて、今も運動を続けているものの、障害者団体などからの強力な反対もあり、それは実現されていない。国会に法案が提出される寸前の段階だとも言われるが、まだ難しい課題が残されているようだ。

日本尊厳死協会の前身は、「日本安楽死協会」というものだが、その創立者のひとりが、産婦人科医で産児制限の必要性を訴え、子宮内避妊具である「太田《おおた》リング」を開発した太田典礼《てんれい》という人物である。

この太田については、他の本のなかで述べたので（『0葬―あっさり死ぬ』集英社文庫、『死に方の思想』祥伝社新書）、ここでは詳しくはふれないが、彼が日本安楽死協会を設立したのは、老いることに対して独特の考え方をしていたからである。

太田は、日本安楽死協会を設立する前のことになるが、1969年に『思想の科学』誌に「老人の孤独」という文章を発表している。それは、今読んでも相当に過激なもので、「社会にめいわくをかけて長生きしているのも少なくない」と述べ、「ドライないい方をすれば、もはや社会的に活動もできず、何の役にも立たなくなって生きているのは、社会的罪悪であり、その報いが、孤独である、と私は思う」と、老人が社会にとっていかに邪魔な存在で、孤独な境遇におかれるのもその結果であることを指摘していた。

その上で、「老人孤独の最高の解決策として自殺をすすめたい」と、老人に自殺を推奨したのである。

太田は、同じ『思想の科学』誌に、1963年に「安楽死の新しい解釈とその合法化」という文章を発表していた。それが後に日本安楽死協会の結成に結びつくのだが、その考えをさらに進めて、「自殺を肯定しよう」というのである。

太田は、「自由思想によれば、自殺は個人の自由であり、権利でさえもある。老人が、もはや生きている価値がないと自覚したとき自殺するのは、最善の社会的人間的行為である」とまで主張していた。

今、日本でこんなことを言えば、袋だたきに遭うに違いない。また、太田は晩年体調を崩し、療養生活を送っていたから、自殺するはずではなかったのかと責められ、嘲笑されたかもしれない。

しかし、世界を見渡してみれば、現在の動向は、太田が主張した方向にむかっている。

いや、それ以上先に進んでいるとも言えるのだ。

生きるのが嫌になったら自殺幇助してくれるオランダのホームドクター

これは、2014年のことだが、アメリカの29歳の女性が安楽死をして大きな話題になった。話題になったのは、彼女が自ら死ぬ日を決め、それを事前にネット上で予告したからである。

その女性は、末期の悪性脳腫瘍《のうしゆよう》と診断されていた。回復の見込みもなく、また頭痛にも苦しめられていたため、死を選択したのだった。彼女は、世界中が注目するなか、医師から処方された薬物を服用して亡くなっている。

尊厳死の法制化が実現されていない日本では考えられないことだが、アメリカでは、すべての州においてではないが、安楽死を認めている州がある。こうしたことも州で決められるところに、アメリカと日本との大きな違いがある。

この女性も、もともとは安楽死が認められていない州で生活していたので、それを認めているオレゴン州に移り住んだ。

オレゴン州では、余命6カ月未満で責任能力のある末期患者が、医師から処方された薬物を自ら投与し、死を選択することが認められている。

この州法は、1998年に制定されているが、2013年までの15年間に752人の人たちが、この法律にもとづいて死を選択している。

1年あたり約50人ということになるが、オレゴン州の人口は約383万人（2010年）である。これを日本全体に当てはめてみるならば、1年間で1600人近くが安楽死をとげることになる。

他にアメリカでは、ワシントン州、モンタナ州、バーモント州、ニューメキシコ州などで、こうした法律が制定されている。安楽死を望む人たちは少なくないのだ。

さらに、「とっとと死ぬ」ことの選択肢を広げ、それをより容易なものにしているのがオランダである。オランダは、売春やマリファナを認めていることでも知られる。その点からすれば、徹底して個人の自由を尊重する国であるが、そこには、日本とは異なる医療の制度がある。その点は無視できない。

オランダでは、2002年に安楽死を認める法律が制定されている。その際に、重要な役割を果たすのが、「ホームドクター（家庭医）」なのである。

オランダでは、公的な健康保険に入る際に、資格のある医師ひとりと契約しなければならず、その医師がホームドクターになる。

このホームドクターと契約している人間が不治の病にかかり、延命治療を望まない、あるいは中止してほしいと望んだときには、ホームドクターが本人の意思に従って安楽死を実現する方向に動いてくれるのだ。

ここまでは、一般的に考えられている安楽死、尊厳死ということになるが、オランダの場合には、さらにその先まで行っている。

というのも、本人が不治の病にかかったわけでもなく、なおかつ余命宣告を受けたわけではなくても、「もう生きるのは嫌だ」と思えば、ホームドクターが死なせてくれるからである。これは、いわゆる安楽死とは異なり、「自殺幇助」である。

もちろん、本人の意思は変わることもあるので、ホームドクターだけではなく、他の医師にも面接してもらうことになる。

それでも、本人の意思が固ければ、自宅、あるいは入所している介護施設などで、致死量の麻薬、麻酔薬、筋弛緩剤などを投与され、苦痛を感じることなく死んでいくことができる。ホームドクターは、それを最期まで見届けるのである。

世界的に安楽死という選択肢を認める傾向にある現代

安楽死については、それを「消極的安楽死」と「積極的安楽死」に区別することが一般的である。

消極的安楽死の方は、延命治療の中止によるものだが、積極的安楽死の方は、致死薬を与えるもので、オランダの場合はまさにこれにあたる。しかも、不治の病にかかっているかどうかは関係がないのだ。

ただ、これはホームドクターの側からすれば、合法的な殺人、ないしは自殺幇助を行うようなものだから、なかなかそれを認めたがらない。医師は人を治すのが本来の仕事であり、殺すことを役割としているわけではないのだ。

ホームドクターは最初から決まっているので、それを替えることもできない。そこで、ホームドクターに安楽死を認めてもらえなかった人たちが行うのが、「自己安楽死」というやり方である。

これについては、支援団体もあり、ホームドクターを介さずに致死薬を入手する方法などを伝授してくれる（こうしたオランダの安楽死については、櫁島《ぬでしま》次郎『これからの死に方』平凡社新書に詳しい）。

こうした状況は、太田典礼が望んだことでもあるが、彼の考えと決定的に違うのは、アメリカやオランダでは、安楽死の対象になるのは老人、高齢者には限られないという点である。年齢が若い人間でも、本人の意思が固まっていれば、安楽死が可能なのだ。そして、オランダでは、病とは関係なく、死にたいと思えば、死なせてくれるのである。

尊厳死法案さえできない日本では、現状において、とてもこうした体制が確立されるようになるとも思えない。

だが、日本の社会では、長く自殺の多さということが問題になっている。

一時日本では、年間の自殺者の数が3万人を超えた。それが金融危機が起こった翌年からのことなので、経済環境の悪化と結びつけて議論の対象になっていた。

その後、自殺者の数は3万人を割り込み、2万5000人程度になっているが、統計にあらわれない実際の自殺者はもっと多いのではないかという説もある。

ちなみに、国別の自殺率では、日本は170カ国中、17位である。一方、安楽死を認めているオランダは87位とかなり低い。

積極的安楽死を認めることによって、自殺者の数がいっそう増えるのではないかという懸念もあるかもしれないが、どうやらそうではないようだ。

オランダのやり方をとるならば、安楽死を認める前にホームドクターが相談に乗るわけで、死を思いとどまる場合も少なくないだろう。その点では、自殺者を減らす効果も期待できる。

アメリカやオランダの他に安楽死を法的に認めているのがスイス、ベルギー、ルクセンブルクである。

ベルギーとルクセンブルクは、オランダとともにベネルクス三国を形成している。そして、最初にアメリカに渡った清教徒は、オランダから出港した人々だった。共通するのはプロテスタントの信仰であり、スイスもカトリックの方が多いが、カルヴァンが宗教改革を主導した国でもある。

安楽死を認めるということは、個人の意思を最大限に尊重するということであり、それは、個人の信仰に最大の価値をおくプロテスタントの思想に通じている。

その点で、宗教的な風土の影響が大きいと考えられるが、世界全体が、とくに先進国では、個人の意思を尊重するという方向にむかっているという現実もある。

前掲の橳島氏は、オランダの人々について、「医師による安楽死や自死援助が選べるという安心感がもてて、将来末期になったときの不安を感じずにすむと思っている人がけっこういるそうだ」と述べている。

実際に、安楽死を実現するかどうかよりも、安楽死という選択肢が最後に用意されているることで、死の前の苦痛を免れることができることに安心感を見出しているというわけだ。

日本では、自殺率が高いために、いかに自殺をなくすか、その対策がさまざまな形でとられている。しかしそれは、あくまで社会全体を対象とした政策であり、自殺を望む個々の人間を対象としたものではない。

「100歳になりたくないから」と言って自殺した99歳女性をいかに考えるか

オランダのようなやり方が許されているなら、自殺を希望する人間は事前に申し出るので、まず何より、自殺しようとしている人間が誰かを特定できる。そうなれば、周囲が死を思いとどまるよう説得することもできるし、死を望むに至る原因を取り除く努力をする道も開かれる。

それでも、どうしても本人が死にたいということであれば、誰にも迷惑をかけない形で死ぬことができる。勝手に自殺すれば、周囲に多大な迷惑をかけることが少なくない。それは、自殺する側の望むところでもないだろう。

こうしたことに対して、日本の社会は踏み込んで議論をしようとはしないし、対策を立てようともしない。感情論が支配的になることも少なくない。

かつて「脳死」をめぐる議論があったが、それもそうだった。脳死が、通常の死とは異なることはたしかだ。からだはまだ生きて活動しているからである。それを人間の死と定義するには無理がある。

それでも脳死判定が求められるのは、移植医療があるからである。移植医療の是非については、いろいろと難しい問題があるが、ここではそれはおくとする。移植によって、自分の臓器が生かされることを望む人間がいて、その人間が脳死判定をされるなら、それはそれで構わない。あるいは、家族が移植に役立つなら脳死を受け入れるということであれば、それで問題はない。

脳死を人間の死とするかどうかを議論するから、問題がややこしくなり、本筋からはずれていくだけなのだ。

今は第2章でも詳しく見たように、日本人はあまりにも長生きしすぎる時代になっている。その長生きを、さまざまな場面で私たちは持て余している。

2016年3月7日、兵庫県神戸市の須磨《すま》の海岸で、99歳の女性の遺体が発見された。

その女性は、生前、隣の市に住む家族に対して、「100歳になるまで生きるのが嫌だ。周りに人がいなくて寂しいのが嫌」と語っていたという。あるいは、「年寄り同士で集まっても浮いてしまう」とも述べていたという（産経新聞、ならびに京都新聞、翌日付け朝刊）。

100歳まで生きるのはめでたいこととされ、自治体などからは祝い金などが寄せられる。

ところが、この女性は、100歳まで生きることを少しもめでたいこととは感じていなかったことになる。たしかに、100歳になれば、周囲には知り合いもいなくなるし、あまりに年齢が高いので、世代が下の高齢者のなかにも交じれないのだろう。

もし、誰かがこの女性が死のうとしている現場に遭遇し、その命を助けたとしたら、果たしてそれはよい行いと言えるのだろうか。

99歳で生き甲斐を失っている人間に、誰がいったい新しい生き甲斐を与えることができるのだろうか。彼女の命を救えるのは、それができる人間だけではないだろうか。

私たちは、いかにとっとと死ぬか、そのことを考えるべき時代に突入しているのである。

第6章 もう故郷などどこにもない

唱歌「故郷」に感情移入できる人、できない人

現代では、さまざまなものが消滅しつつあるが、「実家」や「故郷」というものも、その運命をたどりつつある。

今や、実家の喪失、故郷の喪失という事態が起ころうとしている。

こうした事態が起こっていることにはまださほど注目は集まっていないのだが、家の力が衰えることによって、それは必然的なことになってきた。

「兎追ひし彼《か》の山」ではじまる「故郷《ふるさと》」という歌がある。この歌は誰でも知っていると思うが、作詞は高野辰之《たかのたつゆき》という人物で、作曲は岡野貞一《おかのていいち》である。1914（大正3）年に尋常小学唱歌の第6学年用として発表された。

この「故郷」は、故郷の自然の美しさを歌い上げ、そこでの家族や友人の関係を懐かしむ内容になっている。こうした唱歌に感情移入できる人間が多かったのは、近代の日本社会においては、故郷から遠く離れて生活している人間が数多く存在したからである。

今でも、「故郷」の歌に感情移入できる人間は少なくない。だが、私にはそもそも故郷と呼べるようなものがないので、感情移入ができない。だから、この歌を皆で歌う場面に

接すると、かなり戸惑う。

日本は、明治に入ってから近代化を推し進めることになり、それは驚異的な速度で実現されていった。いかにそれが急激なものであったかは、明治維新から30年もたたないうちに、日清戦争を戦い、それに勝利したところに示されている。

近代化は、産業化であり、工業化を意味する。産業化や工業化が進めば、新しい産業に従事するために地方から都市への労働力の移動という事態が起こる。戦後の高度経済成長の時代には、それが未曽有の規模で進行することになるが、大正時代に入る段階でも、同じような事態が進行していた。「大正デモクラシー」ということが言われるのも、華やかな都市文化が生まれたからで、そのためには、都市への人口集中という事態が起こっていなければならなかった。

故郷というものをもっているのは、そうした産業化、工業化の波に乗って都会へ出てきた人間たちである。彼らは、都市のなかで生活を成り立たせていかなければならなかったのだが、そのなかで、離れてきた故郷のことを思い出すこともあった。そのとき、「故郷」の歌が彼らのこころに沁《し》みたのである。

それ以降、「故郷」の歌に感情移入できる人間の数は徐々に増えていき、戦後になって爆発的に増加した。都市に住む人間の多くは、地方出身者によって占められるようになっていったからで、彼らにはそれぞれ故郷というものがあった。

あるいはその時に、「故郷」という歌は第二の国歌になったのかもしれない。実際、「君が代」に代わって「故郷」を国歌にしたらどうかと提言している人たちもいる。私などとても賛同できないが、「故郷」の方が「君が代」よりはるかに自分の気持ちにフィットすると感じる人は少なくないはずだ。

実はもう故郷は消滅している

都市に出てきた人間たちは、当初は生活に追われ、故郷に帰ることもままならなかったであろう。だが、経済発展が続き、生活が豊かになると、やはり経済成長の時代に発達した鉄道を使って故郷へ「帰省」した。それは、モータリゼーションが進むことで加速され、正月や盆には大規模な帰省ラッシュが発生するようになった。それは、現代の風物詩である。

帰省するという場合、帰省した人間たちは、自分たちが子ども時代を過ごした「実家」に戻り、そこに泊まる。わざわざ旅館やホテルを予約して、そこに泊まる帰省客はいない。

実家があるからこそ帰省するわけで、実家と故郷、その故郷への帰省とはセットになっていた。

帰省したおりには、実家にある仏壇の前で手を合わせるだけではなく、墓地にも墓参りをしたから、故郷と実家、そして墓もセットになっていた。そして、成人式や同窓会も、帰省の時期を選んで行われるようになっていった。

高度経済成長の時代以降、多くの人たちに故郷というものが生まれたのだ。歌謡曲というジャンルは、やはり戦後に生まれたものだが、そこにも頻繁に故郷が登場した。故郷は、「故郷」の歌にあるように、都会で成功した人間が錦を飾る場所であるとともに、都会での生活に失敗し、こころに傷を負った人間を優しく迎え入れてくれる場所でもあった。

NHKの朝の連続ドラマなどでは、依然として故郷が敗残者のこころの傷を癒す場所として機能したりしているが、それは、現実のことではなく、歌やドラマのなかだけの空想上のことであったのかもしれない。

しかし、故郷が故郷であるのは、実家があればこそである。実家とは親が住んでいる家のことで、だからこそ帰省してそこに泊まることができた。帰省の際に土産は必要でも、宿泊代は要らない。何よりも実家は、帰省した人間が気兼ねなく泊まれる場所にほかならない。

しかし、実家が親の家であるということは、親が亡くなった時点で、実家も消滅することを意味する。

その家は、長男などが継ぎ、長男一家が住むようになるかもしれないが、そうなると、自然と敷居はまたぎにくくなる。そこはもう気安く泊まれる場所ではない。兄の家になってしまえば、そこはもう実家とは言えないのだ。

兄の家に泊まるのは窮屈だからと、他に宿泊する場所を求めたとする。すると、今度は兄の方から水臭いと言われる。事態はますますややこしくなる。そうなると、帰省すること自体が億劫《おっくう》にもなり、故郷とのあいだに距離が生まれる。やがて故郷に帰省することは少なくなり、ついには途絶える。こうして故郷は永遠に失われていく。

これに関連して、私は子どもの頃に墓の改葬《かいそう》ということを経験した。

父の兄は若くして亡くなり、結婚もしていなかった。私にとっては伯父になるこの人物は、祖父の故郷である栃木県の佐野市の墓に葬られていた。

そこで、小学生の私を連れて、父は佐野市の墓に出向き、遺骨を杉並区の墓に移す作業を行った。「改葬」という手続きをするためである。

私の父が伯父の遺骨を引き取りに行ったのは、佐野という町が、とうの昔に父親にとって故郷ではなくなっていたからである。したがって、東京に生まれた親から、やはり東京で生まれた私には、故郷というもの自体が存在しないわけだ。それは、今でも故郷に帰省している人たちからすれば、考えられないことだろう。

私の家の場合には、故郷消滅という事態がかなり昔に起こっていたことになるが、今や、多くの人たちがそれを経験しようとしている。親が亡くなり、実家がなくなれば、故郷は存在しないも同然である。本当に今の帰省ラッシュと言われるものは、帰省者が生み出しているのだろうか。

連帯保証人を頼むとき以外、お互い必要にならないサラリーマンの兄弟姉妹

「故郷」の歌が歌われるようになって以来、私たちは、故郷が永遠に存続するものだと考えてきた。しかし、故郷は決して永遠に存続するものではない。あるいは、ある時代にだけ存在したもので、それ以前にも故郷などというものはなかったのかもしれない。

実家がなくなり、そこに泊まれなくなっても、地元の学校の同窓会が開かれれば、そこに出席するという人たちもいるだろう。たしかに、同じ学校に通っていた仲間は懐かしい。

同窓会のために、帰省するという人たちも少なくない。

だが、同窓会が何度も開かれれば、そこに来るメンバーも固定化し、顔ぶれが変わらないので最初の頃の新鮮さは薄れていく。年を重ねれば、話題はそれぞれが抱える病気のことが多くなり、何やらぐちを言い合う会になってしまう。

そうなると、同窓会からも足が遠のく。そのとき、「故郷」の歌が実は暗示しているように、故郷というものは、遠く離れて思っているときが一番美しいということを改めて知ることになるのである。

これに関連して、兄弟姉妹の縁というものも、実家がなくなれば、相当に希薄なものになっていく。実家がなければ、兄弟姉妹が集まる場がなくなるわけで、法要がなくなりつつある今は、それこそ墓参りのときしか集まらないようになる。

兄弟姉妹は、ともに育つ存在であり、子どもの頃は密接な関係をもっている。しかし、成長して、少なくともどちらかが結婚して新しい家を設けるなり、家を出て別居するなりすれば、その関係は急速に薄くなっていく。

帰省するような家がある場合には、同じ時期に実家に戻り、そこで会うこともあるだろうが、故郷がないような人間の場合には、兄弟姉妹と会う機会は極端に少ない。会わなければならない理由がないのだ。

それでも、兄弟姉妹との縁が生きる場合がある。それが、連帯保証人を頼むときである。連帯保証人を必要とするのは借金やローンを組むときということになるが、家や店舗を借りるときにも、保証人が必要になり、それを頼めるのは兄弟姉妹しかいないことが少なくない。

とくに、保証人の場合には、収入が重要なので、頼めるのは男性の兄弟にほぼ限られる。その点では、兄弟というものは頼れる存在になるわけだが、それを除けば、どうしても必要な人間というわけではない。

これは、サラリーマン社会になったことが影響している。たとえば、兄弟同士が農業をやっているというのであれば、お互いに仕事上の付き合いも生まれる。それは、漁業でも自営業でも言えることだ。

ところが、お互いがサラリーマンだと、同じ立場として共感はできるかもしれないが、仕事上の関係が生まれることはほとんどない。希《まれ》だとも言える。そうなれば、いくら子どもの頃に親しかった兄弟であっても、やがて会う必然性はなくなる。さらに、離れて暮らすようになればなおさらだ。

親の遺産をめぐって、兄弟姉妹が争うことになりやすいのも、こうした日常的な関係がないことも影響している。関係があれば、その関係を維持しようとしてお互いに妥協もするが、そうでなければ、分けられる金の額の方が優先され、関心はそちらに集中する。それで分捕り合戦になるのだ。

かつてサラリーマンは会社に忠を尽くしたが非正規の増加でそれもなくなった

日本社会の基本的な道徳は、長いあいだ、「忠」と「孝」であるとされてきた。ともに儒教における徳目であり、忠は自らが仕える主君に対して徹底して忠実に従い、忠義を尽くすことを意味する。一方、孝は親に対して尽くすことを意味する。

ただ、「忠ならんと欲すれば孝ならず、孝ならんと欲すれば忠ならず」（『日本外史《にほんがいし》』の平重盛《たいらのしげもり》のことば）とあるように、忠と孝は対立することもある。どちらを優先するかということは、必ずしも明確ではないからだ。それでも、日本の社会では、主君に対して、あるいは自らが属する組織に対して忠義を尽くし、同時に、親に対しては孝行を欠かさないということがずっと重視されてきた。

忠を尽くす武士である「忠臣《ちゅうしん》」について語った文学が『太平記《たいへいき》』という作品である。

『太平記』には、楠木正成《くすのきまさしげ》などの忠臣が登場する。正成は実際の歴史の上では大きな働きをしたかどうか分からないのだが、『太平記』では大活躍したように描かれている。他の忠臣にも、『太平記』が事実上創作したような人物がいる。

それでも、『太平記』や尊皇思想を説いた水戸学などの影響によって、正成などは忠臣の鑑《かがみ》として祀り上げられ、それで広く知られるようになった。明治に入って、正成を祀る湊川《みなとがわ》神社が創建されたことも、その名を高めることに貢献した。

忠は武士社会における基本的な徳目ということになるが、幕末以降は天皇に対する忠ということが強調されるようになる。明治に入ると、国民は、天皇に対して忠を尽くす「臣民」と位置づけられるようになった。

こうした忠の観念は、戦後の社会においては、古い時代の道徳としてその価値を否定されることになるが、その精神は受け継がれた。

それは、組織に属している人間について言えることで、とくにサラリーマンの場合には、終身雇用という制度が確立されたこともあり、企業に対して忠を尽くすようになる。すべてを捧げて会社のために働くようになったのだ。

日本の企業は、たんに個人が働いて、給与を得るための組織ではない。社員が忠を尽くす場となることで、共同体としての性格をもつようになった。いわば村落共同体の代替物としての役割を果たすようになったのだ。

それも考えてみれば当然のことだ。というのも、企業につとめるようになるのは、地方から都会に出てきた村の出身者だったからで、村にいたときの生活原理が、企業でも生かされたのである。

それを象徴するのが冠婚葬祭で、社員や社員の親族が亡くなると、企業は村にあった葬式組の役割を果たした。社員が受付や案内を担当し、参列者も企業の関係者が多数を占めた。故人のことはまったく知らなくても、仕事上の関係がある人たちが葬儀に参列した。所属する課で香典を集め、それを代表者がもっていくというやり方もとられた。

また、見合いが結婚の多くを占めていた時代には、上司が部下の結婚相手を紹介することも珍しくはなかった。見合いが成功すれば、上司は結婚式で仲人をつとめた。昔のサラリーマン映画を見ると、そうした場面がよく出てくる。

あるいは、戦後の社会においても、ずっと「忠臣蔵」の物語が人気を博してきたのも、サラリーマン社会の原理と武士社会の原理に共通するものがあったからである。実際、『サラリーマン忠臣蔵』（杉江《すぎえ》敏男《としお》監督、１９６０年。主人公の大石良雄《おおいしよしお》は森繁久彌《もりしげひさや》がつとめた）などという映画が作られたほどである。

こうした傾向は、非正規雇用が増えることによって大きく変化してきた。日本企業の特徴とされる終身雇用や年功序列といったことは、現在の企業でも一定程度受け継がれているものの、それは非正規雇用の人間には及ばない。

それによって、冠婚葬祭も、しだいに企業が担わないようになってきている。葬儀の簡略化が進んだのも、企業がかかわらなくなったことで、商売上の関係者が参列しなくなったことが大きい。

その意味で、忠という観念は、社会的な重要性を失いつつある。社員が企業に対して忠を尽くしたのは、それによって長期にわたって生活が保障されたからである。そうしたことが見込めなくなれば、社員が企業に忠を尽くすことはないのだ。

親への「恩」が減った分だけ、「孝」を尽くす必要性もなくなった

一方、孝ということも、その価値は低下している。それは、親が子どもに受け渡すものがしだいになくなってきたからである。

サラリーマン家庭では、教育の機会は子どもに与えるだろうが、何らかの技術や技能を

伝えるわけではない。地位や職を譲るということもあり得ない。

昔の親孝行は、親が子どもに多くのものを与えてくれたり、残してくれたりしたから熱心に実践されたわけである。子どもの方も、それをあてにしていて、その分、親を大事にした。親孝行は、決して無償の愛情の発露によるものではない。

第4章でも強調したように、子どもは、ひとりでは大きくなれないわけで、親による養育を必要とする。その点は、昔も今も変わらない。教育の機会についても、それを与えてもらえなければ、子どもが自分でそれを得ていくことは難しい。

そうした点では、子どもは親に「恩」がある。その分、子どもは親に対して孝を尽くさなければならないとも言えるが、昔と比較するならば、はるかに受けた恩は少なくなり、それに比例して、孝を尽くす必要性はなくなっている。

今の社会では、忠も孝も、その価値を失っているわけだ。忠を尽くすべき相手や組織もなくなったし、親孝行が子どもが是非とも果たさなければならない義務ではなくなっているのである。

それでも、親の介護は子どもがするべきだという考え方は生きている。それを当然とは考えない人々も増えてきてはいるが、世間体を考えて、介護の必要な親を抱えていても、施設には入れず、自宅でその面倒を見ている人たちもいる。しかも、政府はその方向に舵を切っているのだ。

しかしそれは、どんどんと時代遅れの考え方になりつつある。世間体を気にする人たちもまだいるが、世間というものの力も衰えている。

たとえば、葬式に参列するというとき、なぜ参列するかの理由として世間体を持ち出す人がいる。出席しなければ、世間体が悪いというのだ。

たしかに、かつての村落共同体においては、葬式は地域における最重要な行事であり、故人と関係のある人間はこぞって参列するもの、すべきものであるとされていた。実際、誰もが葬式に参列した。

そうした場合、葬式に参列しなければ、なぜ来なかったのかと責められたりもした。関係者の葬式に来ないなどということは考えられなかったのである。

ところが、都会では、そうした感覚はなくなっている。関係者誰もが参列しなければならないということはなくなり、そもそも、参列者が少ないことを前提とした家族葬が基本になってきた。

家族葬ではない一般的な葬式は、前日の通夜と当日の葬儀・告別式に分かれており、今は、どちらかに参列すればそれでいいという感覚が強くなっている。そうなると、通夜に誰かが来ていなかったとしても、通夜の参列者はその人間は翌日の葬儀・告別式に来るのだろうと考える。

それは、葬儀・告別式に実際には来ていなかったとしても、そのことが通夜だけの参列者には分からないということを意味する。香典を調べてみれば、それは分かるが、今は額は熱心に数えても、参列者までは確認しない。せいぜい香典返しの名簿作りの際に確認が行われるが、最近では当日にお返しにあたる品物を渡してしまうやり方もとられるようになってきた。

けっきょく、葬式に参列していようといまいと、誰もそれに気づかないという状態に至っている。これでは、世間体を気にする必要など生まれようがないのだ。

親が教育に金をかけるのは、それぐらいしか子にしてやれることがないから

現代のような社会では、世間体ということばも、だんだんと死語の仲間入りをしそうな気配である。世間ということばは、もともと、具体的に何をさすのかがはっきりしない曖昧なことばだが、世間体を気にしても意味をなさない。そんな時代になってきているので

ある。

私たちがこれまで当たり前だと思っていたものが、次々と当たり前ではなくなっている。日本の社会は、少し前とは大きく変わっている。根本的な変化を被ってきたと言うべきかもしれない。

そうした社会で生きるには、価値観の根本的な転換が必要である。現在進行している事態を押し止めることは不可能である。ひとり暮らしの世帯が減り、家族の規模が大きくなることなど期待できない。

それは、思想の問題でもなければ、イデオロギーの問題でもない。現在のような社会になり、家族のあり方、人の生き方が大きく変わってきたのは、そうした流れが作り上げられているからである。

それこそが近代化であり、高度資本主義社会の到来ということだ。

もちろん、近代化には数々の弊害があり、今日の高度資本主義社会は、一面では行き詰まっている。

しかし、後戻りはできない。

できるのは、さらに先へ進むことだけなのである。

すでに述べたように、子どもは、育っていく上で親の恩を受けている。一人前に育つには、親の支えがなければならない。それは、否定できない事実である。

ただ、それがサラリーマン家庭になると、その恩は相当に限定的なものになっている。今の親は子どもの教育ということには力を注ぎ、金もかけるし、手間もかける。たとえば、塾が離れたところにあり、夜遅くなるようだと子どもを迎えに行ったりもする。

教育に力を注ぐのは、他に子どもに対してやれることがないからだとも言える。サラリーマン家庭では、親が子どもに伝えられるものはない。子どもに何か技術を仕込むということもないし、一緒に働きながら、何かを学ばせるということもない。

子どもの就職ともなれば、親はまったく関係がない。以前は、親が知り合いに頼んで子どもの就職先を見つけてやるということが、かなり広く行われていた。それが、就職する人間の人物保証にもなるからである。けれども最近では、そうしたこともあまり見かけなくなった。コネ入社の時代ではなくなったし、そうしたことが嫌われたりもする。

仮に、親が子どもの教育に費やした費用が、子どもが親から受けた恩だとしたら、それはどうやって親に返せばいいのだろうか。もちろん、教育に限らず、育ててもらった恩というものはある。

だが、サラリーマン家庭の場合には、その恩なるものは、かなり軽い。そもそも、教育に多くの金を費やすのは、比較的豊かな家庭であり、そうでない家庭の場合には、義務教育と公立の高校程度で、とくに教育に金を使ったということにはならない。それで巣立ったら、ほとんど親に恩を感じる必要などないはずだ。

今の社会は、親の恩ということ自体が、なくなりつつあると言える。子どもがそれを強く思い、その後の生涯において親に何らかの形で恩を返さなければならないと感じる状況ではなくなっている。

ならば、親の介護が必要になったときでも、子どもが恩返しにと自分を犠牲にしてまで介護にあたらなければならないということは不要なはずではないだろうか。

家が永続性を失い「先祖の祟り」という脅し文句も聞かれなくなった

子どもは、どこかの時点で自立し、自分ひとりで生活するなり、結婚して親から離れる。親の方も、子どもが成人したら、それ以降は子どもとの同居など望まず、自分で生きていく。それが、今の社会での親子のとるべき正しいあり方ではないだろうか。

これは、東日本大震災が起こるすぐ前のことになるが、私は、『人はひとりで死ぬ「無縁社会」を生きるために』(NHK出版新書)という本を刊行した。

本の副題からも分かるように、NHKの番組「無縁社会」を踏まえたもので、ある意味、その批判になっていた。そうした本を、NHK出版から出すのも異例なことかもしれないが、幸い多くの読者を獲得することができた。

ただ、震災が起こったことで、「絆」の重要性が強調されるようになり、この本の存在はかすんでしまった形になった。その点では著者として複雑だが、私としては、「無縁社会」の番組が示したように、いたずらに無縁死や孤独死を怖れることは誤りではないかと感じたので、その点について述べてみたのである。

そこには時代の大きな流れということが関係しているわけだが、近代に入ってからの日本人は、何かと制約の多い地方の村落共同体から離れ、自由な都会で生きることを望んできた。とくに、戦後には地方から都市部への大規模な労働力の移動があったわけで、その流れに乗って都会に出てきた人間たちは、都会の与えてくれる自由に強く憧れていた。

都会に出てきた当初は、生活がうまくいくようになれば、故郷に錦を飾ろうと考えていたかもしれない。しかし、都会で成功すれば、ふたたび、さまざまな形で共同体の規制がある故郷に戻ろうとは考えなくなる。ちょっと寂しくなったときに、「故郷」の歌なり、地方から出てきた人間の境遇を歌にした歌謡曲を口ずさめば、それでこころは落ち着く。帰省はしても、すぐに都会に舞い戻る。ずっと故郷に戻り、そこに骨を埋める気にはなれないのだ。

都会に出てきた人間も、結婚して、子どもをもうけ、家庭を作るわけだが、その家庭は、これまでくり返し述べてきたように、故郷にある家とはその性格が大きく異なる。それは、家族が憩うための場ではあっても、永続性をもつものではない。50年もすれば消滅していくような、実に脆《もろ》いものなのである。築50年の家なら、大規模なリニューアルを施して、また住めるようになるかもしれないが、人間によって構成された現代の「家」の方は、そうしたリニューアルができない。

地方の人間なら、家がそれほど短い期間に消滅していくことに耐えられない思いを抱くかもしれない。しかし、都会の人間は、そんなことは感じない。かえって、家が代々続き、その分、そこで生きる個人に重くのしかかってくることを嫌うのだ。

家が重い存在であった時代には、よく「先祖の祟《たた》り」ということが言われた。それを言うのは霊能者などと称する民間の宗教家で、供養や祈禱《きとう》をしないと、祟りはなくならないと、その家の人間を脅すのだ。

脅される側も、その家で不幸が続いていれば、なるほど、自分たちが先祖の供養を疎《おろそ》かにしたから祟られるのだと納得し、霊能者などに金を支払って、お祓《はら》いをしてもらうことになった。

テレビでも、一時、そうした霊能者が登場し、先祖の祟りと供養の大切さを強調するようなことがあった。しかし、今ではそんな人物がテレビに登場することはなくなったし、週刊誌にもほとんど出てこない。家が永続性を失い、脆いものになったことで、先祖という存在自体が消滅して、先祖の祟りという脅し文句にリアリティーを感じられなくなったのだ。

これは、都会における暮らしの気楽さを象徴する出来事でもある。都会に新たにできた家には先祖などいない。先祖がいないからこそ、先祖を祀る仏壇もない。地方では、仏壇のない家など考えられないが、50年くらいしか続かない都会の家では、先祖が生まれる前に家がなくなってしまったりするのだ。

たとえ、その家で死者が出たとしても、墓は設けるが、仏壇は買わない。仏壇があれば、家で死者の供養をしなければならない。ところが、都会の人間は、それを嫌い、たまに墓参りをするだけで、済まそうとする。死者には家から離れ、遠くに行ってほしいと、無意識のうちに望んでいるのだ。

そんな形の家を作ってきたのだから、都会の人間は、最後単身者世帯になり、たったひとりで死んでいくことを覚悟しなければならない。ひとりは寂しいかもしれないが、他の人間と生活することの煩わしさが、ひとり暮らしを選択させるのだ。ひとりで生きていれば、最期、孤独死になるのも仕方のないことである。

家と家族が崩壊した時代、子どもに介護を期待することはあり得ない

もう日本は、かつてとは違い、家社会とは言えない。家が社会生活の究極的な単位でさえなくなっている。

家は、ひとりの人間のように、あるとき生まれ、またあるとき、死んでいくものである。人生に、幼少期や青年期、そして壮年期や老年期があるように、現代の日本の家にも、そうした時期の変化がある。それをひととおり経験したとき、家も死ぬのだ。

家がそれだけ脆いものであるということは、その家に住んでいる、あるいは住んでいた親子の関係も脆いということを意味する。兄弟姉妹の関係になれば、もっと脆い。

家や家族の関係が脆いものである以上、人はひとりで生きていき、ひとりで死んでいく

しかない。子どもに介護を期待すること自体が、そうした状況からすれば、あり得ないことである。子どもはそんな義務を果たす必要はないし、親はそれを期待できないと覚悟すべきである。

追い込まれてから親を捨てるということは、実際には大変なことだし、心理的にも負担になる。必要なのは、そうした事態を生まないことであり、それ以前にしっかりと親離れ、子離れをしておくことなのである。

おわりに

「楢山節考《ならやまぶしこう》」という小説がある。深沢七郎《ふかざわしちろう》の短編小説で、1956年に発表され、第1回中央公論新人賞を受賞した作品だ。

これは、村で老人を捨てる、姥捨《うばす》ての伝説をもとにした作品で、二度映画化されている。二度目の映画化は今村昌平《いまむらしょうへい》の手によってなされ、1983年に公開された。タイトルは小説と同じ『楢山節考』で、年老いて山に捨てられる姥を演じた坂本スミ子は、まだ40代だったため、監督から命じられて、前歯を抜いて撮影に臨んだ。その甲斐もあってか、カンヌ国際映画祭でパルム・ドール（最高賞）を受賞しているが、当時、役のためには歯まで抜いてしまう坂本の女優魂にはいたく驚かされたことを覚えている。

舞台となった村では、「楢《なら》まいり」の風習があり、70歳になったら、村を出て山に入ることになっていた。それも、村が貧しく、口減らしをする必要があったからだ。

こうした姥捨てが、実際に日本の村で行われていたのかどうか、その証拠があるわけではない。しかし、各地にはそうした伝説が残されていて、長野県には姨捨山《おばすてやま》と呼ばれる山もある。これは、駅名や高速道路のサービスエリアの名称に姨捨が使われているので、知っている人も多いだろう。

事実はともかく、そうした伝説が生まれてくるのは、それだけかつての日本の村が貧しかったからだ。

しかし、考えてみれば、これは理屈に合わない話でもある。

というのも、老いれば誰でもさほど多くは食べなくなるし、老人をひとり家においておいても、金がかかるわけではない。昔の暮らしはそのようなもので、家のなかでももっとも金のかかりそうにない老人をあえて捨てる必要などなかったはずである。

それに比べると、現代社会の老人、高齢者は金のかかる存在である。

食費はさほどかからないだろうが、単身で生活する高齢者が増えたことで、家賃や光熱費などがかかる。さらに、介護や医療の費用も、年をとればとるほどかかる。経済的な観点からすれば、捨てなければならないのは、昔の村の老人ではなく、現代の高齢者である。

昔の社会では、老人は家督を子どもなどに譲り、自らは隠居して、ひっそりと暮らした。なかには、比較的年齢が若い段階で隠居し、第二の人生を華々しく送った例もある。松尾《まつお》芭蕉《ばしょう》や井《い》原西鶴《はらさいかく》、あるいは伊能忠敬《いのうただたか》などがそれにあたる。伊能忠敬の隠居した年齢は49歳と高かったが、その後に全国を歩いて日本地図を作った。

普通の隠居は、その家の先祖の位牌が祀られた仏壇のある仏間に引っ込み、そこで老後の生活を送った。もちろん、病で倒れたりして、介護を必要とするような状況に至ることもあっただろうが、医療の発達していない時代には、一度倒れれば、それほど長くは生きられなかった。

その点で、老人の介護が家族の負担になることは少なかったし、3世代、あるいは4世代同居で、家族の数も多かったので、一対一の介護に追い込まれることはなかった。その点でも、わざわざ老人を捨てる必要などなかったのである。

ところが、現代社会では、介護を必要とする高齢者が増えているにもかかわらず、それぞれの家の力は衰え、要介護の度合いが高い高齢者を抱えた家は、あるいは個人は、介護することに生活のすべてを捧げなければならず、過酷な状況に追い込まれていかざるを得ない。

それでも、医療保険や介護保険などがあることで、負担は軽減されてはいるものの、政府の財政は悪化し、社会福祉のための費用が膨大なものになったことにより、それをいかに削減するかが課題になっている。これから、そうした費用が年々削減されるのは間違いなく、決して増えることはない。

しかも、保育園の拡充などの方にむしろ予算を使うべきだという声も高まっており、余計高齢者に使われる予算が削られるのは間違いない。

状況は相当に過酷であり、その過酷さは将来においてより厳しいものになっていく。

フランスの若い経済学者、トマ・ピケティの『21世紀の資本』（みすず書房）という本が世界的にも話題になり、日本でもベストセラーになったが、この本を読んで強く印象づけられるのは、一時先進国において経済格差が相当に縮まったのは経済成長の恩恵によるもので、現在格差が拡大しているのは、低成長の時代に入ったからだということだった。

そうなると、経済格差をこれ以上拡大しないためには、経済の成長が必要だということになり、「アベノミクス」と呼ばれるような成長戦略が政府によって唱えられることになる。

しかし、グローバル化が進む現代の社会においては、先進国だけが経済成長の恩恵にあずかれる時代ではなくなった。経済競争は、すべてがグローバルな市場において展開され、先進国の人間だけが高い賃金を享受することなどできなくなっている。

日本では、ついに長期金利がマイナスとなったが、それは、10年先において、経済の規模が今より縮小していくものと予想されるからである。

しかも、すでに日本も人口減少社会に突入しており、高齢者が増え続けていくなかで、労働力人口は減り続けていく。それでは、経済の発展などまったく望めず、逆に大幅な縮小を覚悟しなければならないのだ。

ピケティのフランスでは、第二次世界大戦が終わってからの1945年から75年までは経済成長が続いたため、それは「栄光の30年」と呼ばれている。

日本でも、その時代に「高度経済成長」が起こり、日本は敗戦の痛手から回復するとともに、大いなる豊かさを実現した。それによって、「一億総中流」などということばまで生まれ、経済大国としての日本のあり方が賞賛されたのである。

しかし、栄光の30年も一億総中流も、すでに過去のものであり、二度とそれと同じような状況が起こるとは考えられない。経済は発展せず、経済格差は拡大し、中流は消えていく運命にある。

要は、私たちはこれから、相当に厳しい社会になっていくことを予測し、それを覚悟しなければならないのである。

そのために、私たちは身軽になっていなければならない。とくに、親の介護を引き受けるような事態になれば、それは、破滅的な状況に発展する危険性がある。介護する側にもそうだし、される側も、それによって行き詰まり、果ては介護殺人で死ぬことにもなりかねない。殺人には至らなくても、介護によって介護する側の生活や人生は失われていくことになる。

金があり、親を立派な施設に入れることができるなら、そうすればいい。

しかし、それができるのは、限られた人間だけである。

それなりに収入がある人間でも、子どもの教育費にかなりの額を費やしてしまったことで、老後の貯えを結果的に失うことになる例も少なくない。

親の側からすれば、子どもに十分な教育を受けさせてやることこそが自分たちのつとめであり、子どもがそれによって社会的な成功を収め、ひいてはそれが自分たちの老後にも役立つと考えているかもしれない。

はっきりとは考えていないかもしれないが、そうした望みをまったく抱いていないかと言えば、そうではないだろう。

だが、子どもの教育に金をかけたからといって、それは親の恩ということにはならない。

それで恩を着せるのだとすれば、子どもにとって本当に迷惑な話だ。

よく政治家は、努力が報われる社会こそ、政治のめざすところだと言う。しかし、これからの社会はそれほど甘いものではない。

いくら努力したとしても、努力だけでは報われない。しっかりと将来を見据え、将来において破綻しないための戦略と戦術を立てて臨まない限り、未来は切り開かれない。そういう社会になっていくのである。

これから私たちが生きる社会は、サバイバルを必要とする社会である。あるいは、第5章で見た筒井康隆の小説『銀齢の果て』が描くような殺し合いが、実はすでにはじまっているのかもしれない。

殺さなければ殺される。

そんな社会になりつつあるのだ。

そのなかで、子どもはひとりの個人として生き、親もひとりの個人として生きなければならない。子どもは親に甘えているわけにもいかないし、親も子どもに甘えているわけにはいかない。

むしろ、親が子どもにしてやれる最善のことは、早い段階で子どもを捨てることである。

捨てられた子どもは、自分で生きていくすべを身につけていかなければならなくなる。

もちろん、それで誰もが自立できるわけではない。だが、自立できないものは生きられないというのが、生物界の根本的なルールであり、人間もその例外ではないのである。

たとえ、捨てたらその子どもがだめになると分かっていても、あえてそこで捨てなければならない。

それを怠ると、今度は自分たちが年老いてから、子どもによって捨てられることになる。その方が、子どもを捨てて、それ以降自分たちの人生を努力して切り開いていくよりも、はるかに困難な事態におかれることになるのである。

あとがき

劇作家、長谷川伸の代表作の一つが、『瞼の母』である。

この作品がはじめて発表されたのは、１９３０年、昭和5年のことである。すでにそれは85年以上も前のことになるが、『瞼の母』は現在でもくり返し上演されている。

私はこれを、主に鈴木忠志氏が主宰する劇団ＳＣＯＴによるもので観劇しており、それは、『新釈・瞼の母』と題されている。

「新釈」とあるのは、主人公である番場の忠太郎が、「ニッポン・ジン」と名を改められていたりするからである。ちなみにニッポンが姓、ジンが名である。

しかし、基本的なところは原作と変わっていない。自分を捨てた母親と思しき女性を発見したニッポン・ジンは、母親に違いないと厳しく問い詰めるものの、母親は最後まで違うと突っ撥ねるのだ。

一度、子どもを捨てたとしたら、もうそれで親子の縁は切れる。その子どもが自分の前にあらわれ、情にすがってきても、決してそれには乗らない。

そこには、今の私たちにはなかなかできない、断固たる決断と、情を呑み込んだ諦念がある。

だからこそ、『瞼の母』は今でもさまざまな形で上演されるのであろう。歌舞伎化もはかられ、近代に入って生まれた新歌舞伎の代表作の一つになっている。

考えてみれば、私たち日本人が長く、そして深く影響を受けてきた仏教という宗教は、開祖とされるブッダの家族を捨てる物語からはじまるものである。

生老病死の苦に直面したブッダは、出家という手段に出る。それは、インド社会の伝統でもあるが、その時点でブッダは結婚し、子どももいたわけだから、妻を捨て、子どもを捨てたことになる。さらに、29歳と伝えられるように若く、親も健在だったとされており、親も捨てたことになる。

それは、ブッダの家族にとっては非道なことである。しかも、ブッダは、悟りを開いた後にも家族のもとには戻らなかった。ただし、子どものラーフラ（羅睺羅）は、ブッダの弟子になったとも伝えられる。

私にとっては宗教学の大先輩である山折哲雄氏に『ブッダは、なぜ子を捨てたか』（集英社新書）という著作があるが、残念ながら、この面に注目が集まることは少ない。

ちなみに山折氏は、長谷川伸を敬愛しており、長谷川を論じた『義理と人情―長谷川伸と日本人のこころ』（新潮選書）という著作もある。

本書の企画が持ち上がってから、実は執筆にはかなり苦労した。テーマは、親を捨てるということに絞られていたのだが、それをどのように表現していいのか、私のなかに迷いがあり、なかなかすっきりとした形で原稿がまとまってくれなかった。

そんなおり、『瞼の母』のことや、他の長谷川伸の作品のことに思い当たった。長谷川の作品に出てくるのは、世の中から外れた流れ者で、任侠の世界に生きるしかなくなった者たちである。長谷川以外にも、日本の文学や演劇、さらには映画は、そうした人間たちのことをくり返し描いてきた。

それは、社会のなかでまっとうに生きている「かたぎ」の人間の生き方とは対極にあるものである。

かたぎではない人間、要はやくざ者ということになるが、そうした人間は、自分ひとりの力で、厳しい渡世を送っていくしかない。

本来なら、かたぎの人間がやくざ者になるのは希なことのはずなのだが、現代の社会は過酷さを増すことで、かたぎの人間にも、やくざ者の覚悟を求めるようになってきたのではないだろうか。

考えてみると、私が宗教学の研究を進める上で根本的な問題になったのが、通過儀礼、あるいはイニシエーションである。通過儀礼には必ず試練が伴うが、最大の試練は、親を殺すことにある。つまり、「父殺し」である。

私がこれまで書いてきたもののなかで、それに直接かかわるものとしては、『父殺しの精神史』(法藏館)や『映画は父を殺すためにある』(ちくま文庫)がある。この通過儀礼の問題と結びついたことで、私はこの本を書き上げることができたのである。

2016年4月24日

島田裕巳

著者略歴

島田裕巳《しまだひろみ》

一九五三年東京都生まれ。

宗教学者、文筆家。東京大学大学院人文科学研究科博士課程修了。

放送教育開発センター助教授、日本女子大学教授、
東京大学先端科学技術研究センター特任研究員を歴任。

主な著作に『日本の10大新宗教』『平成宗教20年史』『葬式は、要らない』

『戒名は、自分で決める』『浄土真宗はなぜ日本でいちばん多いのか』

『なぜ八幡神社が日本でいちばん多いのか』『靖国神社』『八紘一宇』（すべて幻冬舎新書）、

『世界はこのままイスラーム化するのか』（中田考氏との共著、幻冬舎新書）、

『0葬』（集英社）、『死に方の思想』（祥伝社新書）、

『戦後日本の宗教史』（筑摩選書）等がある。

幻冬舎新書 417

もう親を捨てるしかない
介護・葬式・遺産は、要らない

二〇一六年五月 三十 日 第一刷発行
二〇一六年六月二十五日 第三刷発行

著者 島田裕巳

発行人 見城 徹
編集人 志儀保博
発行所 株式会社 幻冬舎
〒一五一-〇〇五一 東京都渋谷区千駄ヶ谷四-九-七
電話 〇三-五四一一-六二一一(編集)
〇三-五四一一-六二二二(営業)
振替 〇〇一二〇-八-七六七六四三
ブックデザイン 鈴木成一デザイン室
印刷・製本所 株式会社 光邦

 ISBN978-4-344-98418-9 C0295
し-5-10
幻冬舎ホームページアドレス http://www.gentosha.co.jp/
*この本に関するご意見・ご感想をメールでお寄せいただく場合は、comment@gentosha.co.jp まで。